U0033715

閻錫山故居所藏第二戰區史料

第二戰區
抗戰要役紀（上）

**Historical Documents of the Second Theater
in the Yan Hsi-shan' s Residence**

The Main Campaigns of the Second Theater
in the Second Sino-Japanese War
- Section I -

編序

呂芳上
民國歷史文化學社社長

一

　　閻錫山，字伯川，光緒 9 年（1883）生於山西五臺縣河邊村。先入山西太原武備學堂，後東渡日本，進入東京振武學校就讀，步兵第三十一聯隊實習，再至日本陸軍士官學校攻研。在東京時，因結識孫中山，而加入中國同盟會，從事革命工作。畢業後，返回山西，擔任山西陸軍小學教官、監督，新軍第二標教官、標統。辛亥革命爆發後，10 月 29 日，領導新軍發動起義，呼應革命，宣布山西獨立。

　　閻錫山自民國元年（1912）擔任山西都督起，歷任山西督軍、山西省長。國民政府北伐以後，更於民國 16 年（1927）6 月舉旗響應，擔任過國民革命軍北方總司令、國民政府委員、第三集團軍總司令、中國國民黨中央政治會議太原分會主席、軍事委員會委員、平津衛戍司令、內政部部長、蒙藏委員會委員長、中國國民黨中央執行委員、陸海空軍副總司令、軍事委員會副委員長、太原綏靖主任等職。

　　抗戰爆發，軍事委員會為適應戰局，劃分全國各接戰地帶，實行戰區制度，閻錫山於民國 26 年（1937）8 月 11 日就任第二戰區司令長官，統率山西軍民對抗

II　　閻錫山故居所藏第二戰區史料 **第二戰區抗戰要役紀（上）**
Historical Documents of the Second Theater in the Yan Hsi-shan's Residence
The Main Campaigns of the Second Theater in the Second Sino-Japanese War - Section I

日軍侵略，雖軍力落差，山西泰半淪陷，但閻錫山幾乎都坐鎮在司令長官部，民國 38 年（1949）接掌中央職務之前，沒有離開負責的防地。

抗戰勝利後，閻錫山回到太原接受日本第一軍司令官澄田睞四郎的投降，擔任山西省政府主席、太原綏靖公署主任。民國 38 年（1949）6 月，在風雨飄搖中接任行政院院長，並兼任國防部部長，從廣州、重慶、成都到臺北，締造個人政治生涯高峰。39 年（1950）3 月，蔣中正總統復行視事，政局穩定後，率內閣總辭，交棒給陳誠。

從辛亥革命起，閻錫山在山西主持政務，既為地方實力派人物，矢志建設家鄉，故嘗大力倡導軍國民主義，推行六政三事，創立村政，推動土地改革、兵農合一等制度，力圖將山西建立為中華民國的模範省。此期間，民國政治雲翻雨覆，未步軌道，許多擁有地方實權者，擅於玩弄權力遊戲，閻氏亦不能例外。

民國 39 年（1950）3 月，閻錫山卸下閣揆後，僅擔任總統府資政，隱居於陽明山「種能洞」。在人生中的最後十年，悉心研究，著書立說。民國 49 年（1960）5 月病逝，葬於陽明山故居之旁。

二

閻錫山一向重視個人資料之庋藏，不只廣為蒐集，且善加整理保存。其個人檔案於民國 60 年（1971）移交國史館以專檔保存，內容包括「要電錄存」、「各方往來電文」、日記及雜件等，均屬民國歷史重要研究材

料。民國 92 年（2003）國史館曾就閻檔 27 箱，選擇
「要電錄存」，編成《閻錫山檔案》十冊出版，很引起
學界重視。這批史料內容起於民國元年（1912）迄於民
國 15 年（1926），對 1910 年代、1920 年代北京政局
變換歷史的了解，很有幫助。

　　民國歷史文化學社致力於民國史史料的編纂與出
版，近年得悉閻錫山在臺北故居存有閻錫山先生所藏親
筆著作、抗戰史料、山西建設史料等豐富典藏，對重構
民國時期山西省政輪廓，尤見助益，本社遂極力爭取，
進而出版以嘉惠士林。民國 111 年（2022），本社承臺
北市政府文化局與閻伯川紀念會之授權，首先獲得機會
出版「閻錫山故居所藏第二戰區史料」叢書，內容包含
抗戰時期第二戰區重要戰役經過、第二戰區的經營、第
二戰區重要人物錄、第二戰區為國犧牲軍民紀實，以及
第二戰區八年的大事記等，均屬研究第二戰區與華北戰
場的基本重要資料。

三

　　最近幾年海峽兩岸競相出版抗戰史料，對抗戰史之
研究，雖有相當幫助，但許多空闕猶待彌補，即以戰區
設立為例，是政府為考量政治、補給、戰略與戰術需要
而設立的制度，初與軍委會委員長行營並行，其規模與
人事，常隨著時局、情勢有所變動。民國 26 年（1937）
8 月設有第一至第九戰區、一個綏靖公署，次年 8 月後
調整為第一至第十戰區，另設兩個游擊戰區、一個行
營。其所轄地域、人事異動、所屬軍系，中央與戰區的

IV　閻錫山故居所藏第二戰區史料 **第二戰區抗戰要役紀（上）**
Historical Documents of the Second Theater in the Yan Hsi-shan's Residence
The Main Campaigns of the Second Theater in the Second Sino-Japanese War - Section I

複雜關係，戰區與戰區間的平行互動，甚至戰區與中共、日敵、偽軍之間的詭譎往來，尤其是戰區在抗戰時期的整體表現，均可由史料的不斷出土，獲致進一步釐清。

　　「閻錫山故居所藏第二戰區史料」的出版，不只可以帶動史學界對第二戰區的認識，而且對其他戰區研究的推進，甚而整體抗日戰史研究的深化，均有一定意義。這正是本社出版這套史料叢書的初衷。

編輯說明

　　《第二戰區抗戰要役紀》收錄閻錫山故居庋藏「第二戰區抗戰要役紀」第一集與第二集初稿，由許預甲所編纂。該初稿所錄內容，起自民國 26 年 8 月的南口會戰，終至民國 29 年中的第三次晉東南會戰，為第二戰區於抗戰初、中期，四個階段的作戰經過。

　　為保留原稿抗戰時期第二戰區的視角，書中的「奸」、「逆」、「偽」、「叛」等用語，予以維持，不加引號。

　　書中或有手民誤植，也一概如實照錄，不加修改。

　　此外，為便利閱讀，部分罕用字、簡字、通同字，在不影響文意下，改以現行字標示。原稿無法辨識，或因年代久遠遭受蟲蛀、汙損，與字跡已經模糊的部分，以■表示。原稿留空處，則以□表示。

　　以上如有未竟之處，尚祈方家指正。

目錄

ii 閻錫山故居所藏第二戰區史料 **第二戰區抗戰要役紀（上）**
Historical Documents of the Second Theater in the Yan Hsi-shan's Residence
The Main Campaigns of the Second Theater in the Second Sino-Japanese War - Section I

第一階段

自 26 年 8 月中旬南口會戰起至 26 年 11 月初旬太原會
戰止

（一）南口戰役

26 年 8 月 5 日至 25 日

一、南口之形勢

　　南口者，居庸關最南之口也，亦稱下關。位於北平
西北約六十餘里，扼平綏鐵路之咽喉，南屏平津，北通
察綏，遙控蒙疆，俯捍冀魯，實軍事上之要地。由南口
北行十五里曰關城，亦曰中關。再北行十五里曰上關，
更北十五里曰八達嶺，有古長城之遺跡，由此即出居庸
關。平綏鐵路盤紆而上，兩山夾峙，巨澗中流，懸崖絕
壁，號稱絕險，至於左右兩翼，崇山峻嶺，連綿障蔽，
以接於恆嶽與燕山，誠易守而難攻。

二、戰前我軍之佈置

　　塘沽協定以後，華北處於特殊情勢之下，所有軍事
要區，咸受日人牽制，國防工事，無由建設。蘆溝橋事
變既起，冀察當局，初猶希冀和平了結，坐令敵軍大
至，平津陷於頃刻。至此我政府始令十三軍軍長湯恩伯
率所部兩師及砲廿七團搶堵南口。八月五日，湯軍到

2

閻錫山故居所藏第二戰區史料 **第二戰區抗戰要役紀（上）**
Historical Documents of the Second Theater in the Yan Hsi-shan's Residence
The Main Campaigns of the Second Theater in the Second Sino-Japanese War - Section I

達，當在南口青龍橋、岔道、得勝口、虎峪村、蘇林口
一帶積極佈防，並修築簡單工事。無奈倉卒之間，敵即
挾其各式武器，猛烈進攻，我軍只有依據天然形勢，與
敵相抗。

三、作戰經過

我軍在南口作戰之目的，本在利用天然險要，嚴陣
固守，頓挫敵軍；一面以迅雷之勢，收復察北，免除後
顧之憂；然後與平漢線我軍相呼應，乘機直搗北平。無
如南口工事，事前毫無準備，復因人事關係，未能及
時佈防。湯軍於八月五日到達，而敵川岸第二十師團即
於八日開始進犯。初在南口正面，爭奪高地，敵砲空交
轟，戰車猛衝，極盡兇惡之能事。我則士氣奮發，浴血
力戰，雖至一兵一卒亦不肯輕離陣地，羅團之全部殉
難，堪稱壯烈。既而敵軍第十、第五等師團相繼增來，
向我右翼迂迴，當在黃老院、橫嶺城一帶展開激戰。我
傅（作義）總司令率陳（長捷）、朱（懷冰）、李（仙
洲）、馬（延守）等部亦先後赴援，雖屢予敵重創，而
卒莫挽危局。廿四日康莊發現敵蹤，次日南口遂整個被
陷。是役我湯軍長（恩伯）親蒞前防，指揮作戰，歷經
旬餘，斃敵極眾，雖未達預期之目的，而英勇之慨，亦
足以挫敵燄，而壯吾氣。至於作戰詳情，有如下述：

（1）正面之守禦

八月八日晨，敵步騎千餘，砲十餘門，攻得勝
口，被我譚團擊退。十二日拂曉，敵增兵五千

餘，野砲六十餘門，坦克車三十餘輛，向我南口、虎峪口、得勝口、蘇林口一帶陣地猛撲五、六次，被我羅、譚兩團，沉著擊退，並獲坦克車六輛。是日敵機三十餘架，飛我陣地，不斷轟炸，所有工事，多被摧毀，而我官兵始終堅守陣地，屹然不動。十四日，敵傾其步砲空之威力，肆行攻擊，南口戰事，異常激烈。敵坦克車三十餘輛，衝入口內，我羅團奮戰力拒，幾全部殉難。賴我左右山頭守軍繼續搏鬥，敵雖增加一聯隊，猛撲十餘次，卒未得逞。是日共斃敵四百餘名，閻司令長官特賞萬元以示鼓勵。十五、十六兩日，敵以新到之重砲隊與空軍相配合，向我南口左右高地猛烈射擊。僅右面一隅，即被射擊三千餘發，我守兵一營，終與陣地共淪亡。時通居庸關大道，已被敵砲火遮斷，增援困難，故未能恢復。惟右面高地雖被三千餘敵之猛攻，但仍在我手。再南口至居庸關，長凡數十里，崇山峻嶺，處處險要，我軍步步死守，敵屢攻屢挫，嗣乃以本間旅團守備南口，與我相持，以主力迂迴邊城鎮，襲擊居庸關與懷來。

（2）**右翼之爭奪**
當敵向南口正面進攻時，另以一支約五、六千人，於八月十三日起，由白陽城、高家口、門頭溝等地分犯我九港、黃老院、吊明湖，企圖直出橫嶺城，截斷我南口後路。經我軍迎頭痛擊，紛

4

閻錫山故居所藏第二戰區史料 **第二戰區抗戰要役紀（上）**

Historical Documents of the Second Theater in the Yan Hsi-shan's Residence
The Main Campaigns of the Second Theater in the Second Sino-Japanese War - Section I

紛退去。旋敵鑒於正面進攻，損失重大，乃循其一貫之迂迴戰略，移主力於右翼。十六日雙方在黃老院、土木窰、禾子澗、馬刨泉、北石嶺等處，同時展開激戰。禾子澗被敵二千餘侵入，黃老院、土木窰，雖屢頻於危，終將敵擊退。十七日敵對南口，全面總攻，右翼陣地，多被突破。敵三千餘，迫近長城，一路趨黃老院、騾子圈，一路向鎮邊城方向急進，我軍拼死截堵，浴血奮戰，黃老院失而復得。次日敵又增援反攻，勢極兇猛，我軍血戰一晝夜，傷亡殆盡。十九日黃老院與蘇林口同被突破。時我援軍廿一師李仙洲部，全數達到。傅總司令（作義）所率之陳（長捷）師、孫（蘭峯）旅、馬（延守）旅，其步兵十團及砲廿一、廿四兩團，亦陸續開來，當即加入作戰。廿日，傅總司令親到懷來，與湯軍長商定以新增之師，由右翼反攻。詎料部署未定，而張垣忽告急，傅又奉令抽率一部回救，以致南口兵力，復形單薄。廿一日我陳師長長捷率部抵橫嶺城，適敵軍蜂至，我陣地被突破數處，當即迎頭堵截，激戰竟日，雙方死傷均重。廿二日騾子圈、鎮邊城、馬刨泉皆遭敵猛攻，我軍纇能以少當眾，堅苦支持，與陣地共存亡。維時張垣吃緊，後援告絕，衛立煌由平西北進之師，又被阻於房山一帶，應援莫及。敵軍愈增愈多，我軍裹創扶痛堅苦扎掙，終以眾寡懸殊，陣地屢被突破。廿四日敵竄至康莊，截斷懷來大道。廿五日

我軍向後轉移，南口遂完全陷入敵手。

（3） 左翼之相持

南口左翼，我高（桂滋）軍長率兵兩師，駐守赤城、延慶之線。雙方皆無主力攻奪，僅有小部接觸，以與正面、右翼遙相呼應而已。八月十六日午後，敵四百餘向我平路口、亂馬道陣地進犯，被我高桂滋部奮勇擊退。晚我呂團長（復）偵知敵退集井兒溝一帶，乘其不備，親率隊前往襲擊，將其盡數包圍繳械。二十日高（桂滋）部艾團復將盤據黑達營及喜峰砦之敵偽兩營包圍殲滅，佔領東山。此後相持數日，南口戰局陡變，即隨我大軍向後轉移。

（4） 南口被陷後我軍之轉移

南口、張垣相繼被陷後，我湯（恩伯）、劉（汝明）、朱（懷冰）、高（桂滋）等部，以次轉移於涿鹿、宣化間，敵兩面夾攻，我軍且戰且退，於卅日放棄宣化，集結於蔚縣附近，與晉東北之廣靈相聯繫。使敵之包圍計畫，全成泡影。

（二）察北及綏遠戰役

8 月 13 日至 10 月 2 日

一、戰前察北之情勢

　　九一八事變後，日人即本其「欲征服中國，必先征服滿蒙」之遺策，對我內蒙，積極經營，鼓動敗類，收編匪徒，離間民族情感，實行武力干涉，卒於民國廿四年冬，指使偽蒙軍李守信部，侵佔察北之多倫、沽源、商都、康保、寶昌、張北等六縣，我冀察當局竟默爾而認之。廿五年冬敵偽之氣燄愈張，妄圖西犯綏遠，賴我當局態度堅定，將士用命，實行守土抗戰政策，綏東一役，粉碎敵之迷夢，然察北之情勢仍如故。七七事變前，敵偽在察北設防禦，利交通，召兵募馬，橫行無忌，我察省當局，概不能過問。反之，敵在我張垣省會，置特務機關，遇事干涉，不曰違反親善原則，即云有共黨嫌疑，借端滋鬧，應付為難。至我之一切設施行動，無不在其心目瞭解中，故戰前察北情勢，可謂敵為主動，我為被動。

二、攻擊察北計畫

　　平津失陷後，我中樞為確保晉綏，策應南口作戰起見，曾於八月三日電令晉綏騎兵全部集中集寧、陶林，待命向商都、化德、多倫、林西挺進。八月五日諜知敵偽擬突破赤城、龍關之線，進佔下花園，截斷南口我軍後路，並進佔張垣。同時敵板垣師團開抵熱河承德，松

8 閻錫山故居所藏第二戰區史料 **第二戰區抗戰要役紀（上）**
Historical Documents of the Second Theater in the Yan Hsi-shan's Residence
The Main Campaigns of the Second Theater in the Second Sino-Japanese War - Section I

室孝良騎兵旅團，由瀋陽向赤峰、多倫移動，德王所屬之偽軍第四師，亦決定分別集中於化德、商都、尚義等縣，準備犯綏。八月八日更諜知敵軍計畫派步騎各一聯隊，砲兵一隊，唐克車五十輛，飛機廿架，開南壕塹，企圖突破洗馬林，進佔柴溝堡，截斷晉綏軍之連絡與接濟。八月十三日遂決定攻擊察北計畫如下：

（1）為鞏固我南口軍之背後，並攫取進襲熱河方面之根據地起見，以騎兵趙（承綬）軍協同傅（作義）部，先襲取商都，同時著劉（汝明）部，攻佔張北，爾後協同傅、趙兩部向多倫方面推進。

（2）令集結於集寧、陶林之騎兵趙（承綬）部，並附步兵旅（傅部董其武）先向商都推進。

（3）令劉（汝明）軍迅速攻取張北後，應構築堅固工事，以為進取多倫之根據地。

（4）令傅作義率步兵十團，砲兵兩團，控置於柴溝堡、天鎮間地區，策應各方戰鬥，以一部襲取尚義後，連同趙部協同劉軍攻佔張北，爾後以全部兵力向多倫方面挺進。

三、作戰經過

自八月十三日我軍攻擊商都起，截至十月二日薩縣被陷止，凡五十日間，察北戰爭幾與南口、雁北諸役相呼應。敵以東篠英機為司令，松室孝良之騎兵第四旅團與關東軍本間、鈴木兩步兵旅團為主力，附以砲空機械化聯合部隊及德王、李守信之偽蒙軍約四、五萬人，我以劉（汝明）部兩師、趙（承綬）部騎兵兩師及門炳

岳之騎兵第七師與臨時配合之步砲隊共計六、七萬人，統歸傅總司令（作義）指揮。首以機敏之動作，收復商都、化德等要地四、五處，予敵以莫大之威脅。既而因劉部攻擊張北失敗，繼之南口、張垣，相繼失陷，察北我軍乃在趙（承綬）司令指揮下，轉戰於綏東、晉北一帶，以阻滯敵軍之西進與南下。如涼城、集寧之守禦，皆能使敵付相當代價，達到我消耗戰之目的，最後因形勢逆轉，始由綏垣西撤，與敵相持，以圖長期抗戰。茲將各役之經過，分述於後：

（1）商都、化德等縣之收復

八月十三日敵機數架在我察綏邊境到處偵炸，並用汽車運到商都步騎砲聯合之日軍一部，偽軍亦有增加。是夜，我軍開始向商都猛攻，首在商都西南之化特立蓋以東地區與敵接觸，敵陸續增加，激戰終夜。十四日薄暮，我董旅長（其武）親率所部，奮勇猛撲，敵不支，紛向商都東北方面潰去，商都遂被我克復。

當我攻擊商都時，王子修旅，亦向南壕塹進襲，於十六日拂曉佔領之，殘敵數百，向東北逃去。

化德在商都北約百里，駐有日偽軍千餘，商都下後，我石（玉山）旅長即率部北向進擊，十六日黃昏抵近郊與敵激戰至夜十時，斃敵人馬甚夥，當將該地克復。

十七日我軍乘勝攻克尚義，同日劉（汝明）部亦攻下崇禮，即留安（榮昌）旅固守尚義。並為

10　閻錫山故居所藏第二戰區史料 **第二戰區抗戰要役紀（上）**
Historical Documents of the Second Theater in the Yan Hsi-shan's Residence
The Main Campaigns of the Second Theater in the Second Sino-Japanese War - Section I

威脅張北右側背計，令門（致中）軍攻公會，孫
（長勝）軍向喇嘛烏蘇廟南營附近協助門軍作
戰，彭（毓斌）師進駐張北迄單晶壩、小水泉之
線，與劉（汝明）軍取連絡。從此被敵偽侵據數
年之察北四線，又復重見天日，設非張北失利牽
動全局，則由此直搗熱河，擾敵側背，南口、張
垣，或不至有失也。

（2）張北之圍攻

張北縣位於張垣西北約百里，扼熱察綏來往之孔
道，自偽蒙軍侵佔察北六縣以來，即以此為邊防
重鎮。南口戰事發生後，偽蒙軍李守信部之主力
集結於此，日關東軍亦陸續開來，企圖以重兵直
下張垣，截斷平綏路線，使南口我軍腹背受敵。
我當局預燭其奸，且為攫取攻擊熱河之根據地起
見，曾決定以劉（汝明）部，全力攻取張北。無
如劉部行動遲滯，八月十五日，方行出動。右
路出青邊口，進擊崇禮，中路出神威台，直取張
北，左路出虎墾，威脅側背。時日軍開張北者已
到達。劉下令總攻，遭敵逆襲，損失極大，敵乘
勢南下，突破神威台、新開口，向張垣進迫。
二十二日關東軍參謀長東篠到張北轉壩下督戰，
是時我軍惟以保守張垣是急，攻取張北之計畫，
遂無能為力矣。

（3）張家口之失守

張家口為察省省會，居平綏線南口、大同之間，乃軍事上一重要據點。劉主席（汝明）身駐其地，負保衛守禦之責。八月十九日劉部攻張北失利，敵跟踪南下。侵入神威台及灰菜梁。廿日張垣唯一門戶之漢諾壩被突破，張垣形勢，頗為吃緊，傅作義即率增援南口之師回救。當與劉主席商定在萬全北，從新佈置防線，阻敵前進。水關以西，歸傅負責，張垣防務，由劉擔任。傅飛調劉譚馥旅由孔家莊向水關以西展開，孫蘭峯旅之兩團，在郭磊莊集結，並令騎兵軍以有力部隊速向新開口及紅蓮灣方面襲敵。廿一日劉部反攻，一度收復漢諾壩，廿二日又被衝破。敵遂由神威台進迫張垣。劉（汝明）軍佔領老爺廟、賜兒山一帶陣地，拱衛省垣。劉（譚馥）旅新到，倉卒佈置於水關亙戴家莊之線。敵以戰車重砲，及步騎五千餘，向我全線猛攻，乃左翼劉（汝明）軍騎兵撤退時，未曾通報，致敵混入二千餘，時大雨傾盆，我劉（譚馥）旅正與敵反復肉搏，而右翼劉（汝明）軍步兵亦撤退。致水關陣地，陷於包圍，守兵死亡殆盡，不得不向後轉移。廿四日張垣被敵包圍，平綏路亦被截斷，傅令孫蘭峯旅、楊維垣旅及王子修部東進夾擊。廿五日孫（蘭峯）旅在孔家莊以西及東北高地與敵二、三千相遇，發生激戰，敵陸續增加，相持竟夜，雙方損失均重。廿六日，張垣附近，陷於混戰狀

12

閻錫山故居所藏第二戰區史料 **第二戰區抗戰要役紀（上）**
Historical Documents of the Second Theater in the Yan Hsi-shan's Residence
The Main Campaigns of the Second Theater in the Second Sino-Japanese War - Section I

態。廿七日晨三時半，敵強襲八角亭、高家屯等地，至四時衝入張垣市內，劉（汝明）軍突圍後，即轉移於宣化、涿鹿一帶。自張垣被圍以來，敵空軍輪流轟炸，市內建築，被摧燬殆盡，比我軍退卻僅餘斷瓦頹垣之殘城而已。

（4）察北四縣之再失

當張垣被圍吃緊之際，察北我軍曾奉命向新開口、神威台方面進襲，威脅敵背。九月廿四、五兩日，我門（炳岳）軍、孫（長勝）師，曾在台路溝、十喇嘛、水泉子、大圪塔及背姑子營一帶與敵偽激戰一日夜，斃敵二百餘。張垣失陷後，步兵均已轉移陣地，傅總司令電令騎一師彭毓斌部駐南壕塹，騎二師孫長勝部駐尚義，騎七師門炳岳部駐商都，石（玉山）旅駐化德警戒。廿九日敵數百進犯化德被我石旅擊退。時敵主力沿平綏線西犯大同，另調集敵偽萬餘於張北。計畫分二路攻綏邊，一路向南壕塹、興和反攻；一路向尚義、商都反攻；另分兵奪取化德，然後會師集寧，轉入綏邊。每路兵力各約三千人，另附坦克車二十輛，飛機共三十架。九月六日下午一時敵騎兵兩團，步兵五百餘，附裝甲車三十餘輛，坦克車十餘輛，野砲廿八門，向我南壕塹陣地猛犯，經我騎一師彭毓斌部一、三兩團與敵苦戰一晝夜。七日晚變換陣地至大青山一帶與興和互為聲援。

同日敵騎兵一、四、五、六共四個師進抵尚義東
二十里之死人漥，旋即向我騎二師進攻。我因地
形不利，且受敵優勢壓迫，且戰且退，於八日撤
至集寧。十日復奉命開赴左雲警備。時騎一師受
當面之敵攻擊甚烈，且陷於被圍狀態，亦逐漸後
移，於十一日到達平地泉附近。

十三日，偽蒙軍三師及日軍一部附砲多門，向化
德我石旅陣地攻擊。經激戰後，石旅以眾寡不
敵，退據化德西南四、五十里之陳家樣一帶。
十四日偽軍三、四兩師及敵機械化部隊圍攻商
都，我軍勇猛拒守，敵未得逞。十五日敵軍一部
圍攻天成梁，一部圍攻商都，均經我守軍門（炳
岳）部沉著擊卻。十六日商都我軍，因連日苦
戰，傷亡甚重，於當晚移至大六號、賁紅、高家
地之線與騎一師取得連絡。石旅亦由陳家樣退至
紅根圖附近。從此察北復盡為敵有矣。

（5）綏東諸戰

自察北我軍陸續撤退綏境後，同時晉北之大同亦
被陷，敵由南北兩路，分犯綏東各縣，我以集寧
為據點，配置重兵，任曾延毅為守備司令，負守
禦之責。九月十五日，豐鎮南十餘里之三道梁，
發現日偽軍一部，騎兵趙司令（承綬），商同挺
進軍馬司令（占山）將該部之馬團與安（榮昌）
旅，共編為一梯隊，以王副師長照堃，為梯隊司
令，張團長（成義）為副司令，固守豐鎮。十五

14　閻錫山故居所藏第二戰區史料 **第二戰區抗戰要役紀（上）**

Historical Documents of the Second Theater in the Yan Hsi-shan's Residence
The Main Campaigns of the Second Theater in the Second Sino-Japanese War - Section I

日下午四時，敵步砲千餘，向豐鎮進犯，旋又增兵三千餘，猛攻車站，適我由隆盛莊開來之援軍一團，又被阻。十七日早敵將豐鎮三面包圍，以飛機大砲，猛轟城垣，我守軍奮勇激戰，至午後三時，南門城垣被轟破數處，敵裝甲車乘機衝入，我軍搶堵不及，城遂被陷。

豐鎮被陷後，敵繼續沿鐵路線北犯，我為在集寧附近，將其聚殲計，當令彭（毓斌）師移集寧暨老平地泉以西之察漢、濫營子一帶，擬俟敵與我集寧步兵陣地膠著後，抄其左側背；令門（炳岳）軍留少數部隊駐守大六號、賣紅陣地，其餘抄襲敵右側背。又令石旅長（玉山）率直屬部隊第四團及蘇部駐賣紅，第五團駐高家地，第六團駐陶林附近，防敵由綏北西竄。九月廿日，敵步騎三百餘，附砲兩門，裝甲車三輛，屢向我集寧南之官村，榆樹灣賈家村一帶襲擾，均經我擊退。廿一日，駐守官村之馬（占山）部第十七、廿八兩團，遭敵猛襲，退至三義堂附近。下午二時敵六百餘，裝甲車數輛，經蘇集向集寧前進，與我相持於榆樹灣。晚敵援軍續至，向我集寧左右翼密集砲擊。我安（榮昌）、王（子修）兩旅抵抗甚烈，廿三日早敵步騎千二百餘，附坦克車、裝甲車各數十輛，向我安旅陣地猛撲，砲彈落城中者百餘發。我再向前線增輸援軍兩團與敵鏖戰。另派王旅（子修）一營，實行夜襲，敵亦派騎兵七百餘，向我右側迂迴，被我門（炳岳）

軍阻於三岔口一帶。廿四日敵增到機械化步隊二十餘，砲數十門，屢向我陣地猛攻，均被擊退。當晚敵一部繞攻三岔口，隔斷我交通線。集寧城遂陷於三面包圍之中。廿四日拂曉，黃家村陣地，首被突破，曾守備司令（延毅）親率王子修之預備隊增援，終以敵火器猛烈，我傷亡過重，七時許南門被敵闖入，我軍奮勇巷戰，第四三五團兩個營幾全數殉國，國民兵團二千餘人，僅餘四五名，最後始突圍出城，撤至旗下營。是役我失綏東重鎮，敵亦蒙極大之打擊。

集寧既陷，我軍大部西移，一部退守陶林，敵即跟踪前來，同時紅根圖方面之敵亦向陶林蠢動。我門炳岳軍長親到陶林，佈置防務。九月廿五日敵步兵八百餘，砲四門，犯陶林北之三道溝。我守軍石旅（玉山）以眾寡懸殊，向後撤退，門軍長即令廿團前往應援，至榆樹灣附近與敵遭遇，激戰至晚，相持不下。適石旅長亦率主力抵陶林，門軍長當與商定次日拂曉反攻，擬將當面之敵，予以圍殲。廿六日早我軍實行反攻，將敵壓迫至三道溝。忽後續之敵至又反攻，遂在縣城附近，展開血戰，正緊急間，偽四師又由集寧方面來犯，我軍腹背受敵戰至黃昏後，遂退出陶林，向索拉特、烏蘭花一帶撤退。

（6）涼城附近之戰

當敵軍進犯綏東之際，另以一支由大同西犯，陷

16 閻錫山故居所藏第二戰區史料 **第二戰區抗戰要役紀（上）**
Historical Documents of the Second Theater in the Yan Hsi-shan's Residence
The Main Campaigns of the Second Theater in the Second Sino-Japanese War - Section I

左雲、右玉出殺虎口，企圖侵據涼城，直撲綏垣。我軍為維護省會，消耗敵力，遂在殺虎口互涼城之間，嚴設防禦，節節抵抗，造成與集寧交映之綏境兩戰績。九月二十日敵陷右玉後，即向殺虎口進犯，我騎二師據右玉南之威遠堡，掩護交通。騎一師調駐涼城，堵防由豐鎮經天成村西竄之敵。廿一日敵數百名附戰車數輛，竄至殺虎口外與我圪針溝之第五團三連對峙，彭（毓斌）師長派騎二團於當早馳往廠漢營堵擊，並位置一、三兩團於涼城、忻州窰子一帶，準備策應。廿三日晨敵步騎八百餘向我廠漢營猛攻，十時後，繞永興溝向我騎五團陣地砲擊。同時另一部二百餘向我右翼迂迴，企圖截斷綏涼交通，我當飭騎五團經石家樑一帶截擊，將其擊潰。廿四日敵猛攻涼城。我騎一師趙副團長率騎一團在城內固守，彭師長率二、三、五等團在城外與敵激戰。適豐鎮方面之敵，竄抵城東，旋佔領城北山頭，聯合向城內砲射甚烈。殺虎口方面之敵一部西犯查漢不浪，集中砲火，猛烈轟擊。我陣地多被摧毀，猶復拼命苦撐，努力衝殺，共毀敵坦克車六輛，斃傷敵數百，我亦以犧牲逾半，不得已始變換陣地於石匠子及忙牛山一帶。涼城遂陷敵手。

（7）綏垣之失守

集寧、涼城、陶林相繼失陷後，綏東屏藩，盡為

敵有，歸綏城已三面被圍。語其形勢，本無險可守；以言兵力，則盡疲憊之餘。然我為牽掣敵軍，消耗敵力，以達長期抗戰之目的起見，仍不得不收集殘軍，集中省垣，予敵以相當之打擊。九月廿七日馬（占山）部開至歸綏附近，騎兵趙司令在綏垣部署守備事宜如下：

（一）以趙司令所率之直屬部隊與騎兵一部及國民兵團等部連合挺進軍固守綏垣。

（二）除安、王各旅在旗下營，門軍騎七師在索拉特，石旅在章但頭號，井師在烏蘭花，騎一師在涼城石匣子溝一帶守備外，對石人灣、薩爾沁、武川等處及城郊附近，統由挺進軍派隊警戒。

（三）門（炳岳）、井（得泉）、王（子修）、安（榮昌）、石（玉山）等部，由趙部派騎兵連繫，以資互相策應。

九月廿八日午後，敵騎二、三百名掩護裝甲車兩輛向石匣子溝彭師孫團陣地進犯，經我痛擊退去。同日敵大部沿鐵道線抵卓資山，掩護修理已被我破壞之橋樑路軌，我王子修部曾派便衣隊前往襲擾。廿九日，東南面敵騎六、七百猛攻石匣子溝數次，均未得逞。正東卓資山敵繼續西犯，在旗下營與我王、安兩旅，激戰頗烈。東北面陶林之敵，一部攻章但頭號，一部攻索拉特，與我石旅、門師，終日激戰。卅日，武川北烏蘭胡同發現大部敵騎向武川進攻，同時王、安兩旅，被

18   閻錫山故居所藏第二戰區史料 **第二戰區抗戰要役紀（上）**

Historical Documents of the Second Theater in the Yan Hsi-shan's Residence
The Main Campaigns of the Second Theater in the Second Sino-Japanese War - Section I

迫退於綏遠城南，敵即集中砲火，猛轟綏遠城垣，石、門兩部受當面之敵攻擊甚烈，且逐漸陷於包圍狀態，乃向武川以西轉進。旋武川亦被陷，敵即乘勢南下與正面之敵協攻綏垣，我守軍於敵砲火交熾之下，猶起作最後奮戰，終以傷亡慘重，方行退出。綏遠省會，於焉被陷。十月三日敵侵入薩縣，我軍再退包頭，此後即實行游擊戰與敵相周旋。

（三）雁北戰役

26 年 9 月 3 日至 19 日

一、作戰計畫

張垣失陷，我當局即決定第二步作戰計畫；預料敵如以主力對綏西，則誘其深入，繫留於平地泉附近，與之決戰，由天鎮、大同之兵團襲其左側背。敵如主攻雁北，則在天鎮附近消耗其兵力後，再誘至大同附近，由南北兩方夾擊之。敵如直由察南進窺雁門，則將敵繫留於我國防主線之前，再傾綏西之主力襲其後路，同時靈廣機動區出兵抄襲其左側背，利用山地一舉而殲之。

二、兵團部署

察南我軍轉移後，除湯軍之第四、第八十九兩師開順德整補，九十四師（朱懷冰）開馬黃峪歸衛立煌指揮，劉（汝明）軍在蔚縣一帶，依山作戰，十七軍（高桂滋）開廣靈佈防，仍歸湯總指揮指揮外，晉綏各軍，佈置情形如下：

（一）六集團三十三軍章拯宇旅佈防靈邱，劉奉濱師佈防廣靈，孟憲吉旅控置大營，三十四軍梁鑑堂旅佈防東井集、渾源，姜玉貞旅控置應縣，郭宗汾師控置岱岳，金憲章師控置沙河。

（二）七集團之六十一軍李俊功師固守天鎮，劉譚馥旅佈防陽高，馬延守旅控置大同以東地區。三十五軍，方克猷，田樹海兩旅控置大同、豐鎮。

20

閻錫山故居所藏第二戰區史料 **第二戰區抗戰要役紀（上）**
Historical Documents of the Second Theater in the Yan Hsi-shan's Residence
The Main Campaigns of the Second Theater in the Second Sino-Japanese War - Section I

（三）預備軍陳長捷師控置應縣，段樹華旅控置懷仁
以北，杜堃旅控置雁門一帶，陳慶華旅控置平
型關一帶，騎二師控置左雲、右玉。

三、作戰經過

敵據南口、張垣後，略加整補，即以敵板垣第三
軍、東條第四軍分數縱隊，由懷來、涿鹿、宣化等處，
向淶源、廣靈、大同之線前進，我各部隊逐次轉移於柴
溝堡、天鎮、蔚縣、淶源一帶，擬利用山地，殲滅敵
人。嗣因李服膺部在天鎮一帶，作戰失利，我後續部隊
尚未完全到達邊境，要塞已失，兼以淶蔚劉（汝明）軍
撤退過早，致在大同會戰計畫，歸諸泡影。敵利用蔚、
淶為根據地，進犯廣靈，廣靈因受由陽高南下火燒嶺之
敵夾擊，於九月十四日，被敵突破。既而左雲、右玉亦
相繼被陷，敵由此出殺虎口，直迫綏垣，我軍乃佔領右
自馬跑泉，經長城溝、雁門關，至陽方口、利民堡之
線，拒敵前進。是役前後互二十日，以天鎮、陽高之戰
為較烈，其次則為廣靈之戰，至於左雲、右玉僅小有接
觸而已。

（1）天鎮陽高之戰

初閻司令長官鑒於日閥謀我華北之急與冀察防禦
之疏，暗以天鎮、平地泉為兩大據點，動眾興
工，構築工事，藉作西北屏障。敵軍沿平綏線
侵入晉境後，天鎮首當其衝。負守禦之責者為
六十一軍軍長李服膺，亦即過去數年間，駐此督

修國防工事者。以李任事之專，地形之熟，據險固守，敵縱兇頑，亦不難予以嚴重之打擊。乃李對於督修工事，既玩忽於前，對於守禦責任，復輕慢於後，坐令數日之間，嚴邑驟失，殊可痛惜。天鎮縣城，位於平綏鐵道之南，枕洋河而面盤山，為晉北重要門戶。當時守軍配備，係以六十一軍之三九九團、砲廿四團第五連擔任城防。右地區以四〇〇團、四〇二團、砲廿四團第六連佔領盤山、師家梁、夏家山、劉仲屯、鮑家峪一帶。左地區以四二五團、四二六團、砲廿九團第五、六連佔領周家山、夏家堡、石佛寺一帶。四三四團、砲廿四團第五連為預備隊，位置於張家莊、鄧家園一帶。九月三日敵步砲二千餘，向我磚窰村之警戒部隊砲擊二百餘發，飛機八架助戰，激戰至黃昏後，敵傷亡數百稍退。四日，城東李家山、羅家山當面敵兩千餘，分四處各隨野砲數門，向我各陣地猛攻，飛機三十餘架掩護轟炸，自晨至暮，敵我各傷亡數百，成對峙狀態。五日敵步騎三千餘，戰車、裝甲車、汽車四、五十輛，重砲十數門，飛機三十餘架，向我天鎮、戴家屯、李家寨一帶各陣地屢行猛攻，均經擊退，敵死傷甚眾。六日早敵復增兵向我天鎮東方及北方各陣地全線猛攻，重砲與飛機連續轟炸，並用刺激性毒氣彈射擊，我守兵待敵接近，方行突擊，如此往復攻殺，雙方死傷均重。是日晚天鎮南之盤山陣地，突被敵襲佔，我

22 | 閻錫山故居所藏第二戰區史料 **第二戰區抗戰要役紀（上）**
Historical Documents of the Second Theater in the Yan Hsi-shan's Residence
The Main Campaigns of the Second Theater in the Second Sino-Japanese War - Section I

守兵一團，幾全部殉難，從此天鎮縣城，陷於孤境。七日拂曉，敵攻至天鎮城下，我守兵用手擲彈猛擊，敵未得逞。八日早七時，敵機六架，轟炸陽高縣城，同時敵坦克車及便衣隊繞天鎮以北地區向陽高活動，並有後續大部隊跟進。另一部向天鎮南大白登一帶運動。午後一時，敵機二十餘架，砲十餘門，向天鎮城轟擊，其步兵兩千餘持登城器具，由城牆塌處爬登，經我守軍以手擲彈擊退，九、十兩日，敵對天鎮，惟以飛機大砲轟擊，其餘步隊分兩路西犯，一路約二千餘在鐵道北，於九日晨進至陽高西北之鎮宏堡、大小二墩梁一帶，經我伏兵邀擊，傷亡頗重，退據長城各口。一路敵約千餘，由鐵道以南地區前進，與我陽高及王千戶嶺一〇一師李俊功部對峙。一部已竄至聚樂堡以東王官屯一帶。另有戰車二十餘輛，裝甲車三十餘輛，因受我游擊隊之牽擾，尚未深入。是日午後，敵以大部圍攻陽高，我守軍四一四團，拒戰甚烈，旋城垣被轟破，團附、營長以下，傷亡頗多，遂致失陷。同時一〇一師陣地被敵三面包圍，李軍長（服膺），竟違背司令長官命令，不肯堅守力戰，遽率部撤至瓜園村。天鎮守軍，乃愈見孤立。十一日敵以飛機大砲向天鎮城不斷轟擊，東北城角先陷，敵步兵乘勢衝入，我以糧彈俱盡，始突圍而出，天鎮遂繼陽高而被陷。兩城之失，使三晉北門洞開，大同備戰不及，影響實非淺鮮。

（2）大同決戰計畫之放棄

南口、張垣之役我湯軍五師、晉綏軍兩師四旅，損失奇重，旋湯軍三師又奉令他調，晉綏之間防長兵單，難以持久，故閻司令長官決心集中兵力，擇一有利地帶，與敵決戰。大同憑山帶河，笄轂晉綏，且交通便利，適於野戰，曾電請蔣委員長，擬以李服膺軍七團固守天鎮，阻敵前進；孫楚軍、高桂滋軍駐守廣靈，鞏固右翼；傅作義軍在綏遠鞏固左翼；王靖國軍固守大同；楊澄源、劉茂恩軍為總預備隊，位置於大同附近，俟敵大至，圍聚而殲之。一面電傳總司令，指示方略，謂宜在孤山南北預選有利地形，設一陣地，使由東及北來之敵，借採掠山，截成兩段，我大同方面，取內線作戰之方略，集中兵力，先撲滅其一路，總預備隊，用於決勝點。旋奉蔣委員長電，謂不可輕於決戰。嗣因天鎮、陽高陷失過速，劉茂恩部，未能如期趕到，而敵關東軍主力及北支軍一師團又有進攻靈廣之確訊，衡情度勢，遂中止前議，另作固守雁門計。但為消耗敵力，仍於主要城鎮，配置相當兵力，隨處皆予以打擊。九月十日陽高既陷，我獨立七旅（馬延守），即在鎮邊堡一帶佈防，梁（鑑堂）旅、段（樹華）旅在小北莊一帶高地佈防。十一日敵四千餘由陽高西犯，將我鎮川堡陣地突破，同日拂曉大同方面段樹華旅當面之敵四千餘，騎數百，戰車五、六十輛，砲十餘門，並以飛機數架

24 | 閻錫山故居所藏第二戰區史料 **第二戰區抗戰要役紀（上）**
Historical Documents of the Second Theater in the Yan Hsi-shan's Residence
The Main Campaigns of the Second Theater in the Second Sino-Japanese War - Section I

掩護向左翼山頭猛攻，我守兵奮勇激戰，至午雙
方傷亡甚眾，因受敵優勢砲火之制壓及戰車之猛
衝，致一五三三及一六四五高地陷於敵手。梁旅
四〇六團左翼亦受敵優勢步騎之包圍，恐豐稔山
據點有失，遂逐次撤至該山以西高地。午後，敵
向我大同以東陣地，全線猛攻，聚樂堡南北，戰
況尤為激烈。敵以其飛機重砲及機械化部隊狂施
轟擊，我軍死守陣地，反覆逆襲，斬敵少將大生
垣城以下萬人，又經我右翼出擊，敵側背感受威
脅，始稍卻，是役我團長一人重傷，四營官兵幾
全數殉國，時我司令長官已決定中止大同決戰之
計畫，遂電傳總司令著留一旅在大同附近，依城
野戰，以兩旅佔領大同以西山地，阻敵西進，餘
部撤至大同以南桑乾河南岸之山地，漸次鞏固雁
門關陣線，傅總司令隨軍南移，察綏部隊由騎兵
趙司令指揮。此後各軍即遵令轉移，敵遂於十四
日進據大同。

（3）廣靈靈邱之戰

南口、張垣撤退之湯、劉各軍，初均集結於察南
淶源、蔚縣一帶。雁北左翼頗資屏蔽。既而湯軍
兩師調後方整補，旋劉（汝明）軍亦奉令向津浦
線轉移。原定開駐淶源之十八集團軍又未到，敵
板垣師團即積極由懷來向廣靈前進。閻司令長官
於九月二日電陳蔣委員長謂：「淶源地形有天然
要塞之形勢，尤為第一、二兩戰區之樞紐，此地

一失，一、二兩戰區後路均受威脅，十八集團軍集中為期尚早，請迅在淶源派得力部隊兩三師固守，以易縣、淶源之師，防其東去，廣靈、靈邱之兵，堵其西來，此部如成，並可相機殲敵。」時平漢線戰事，極為吃緊，得力部隊，未易抽調，僅由朱懷冰殘部，就近前往佈防。閻司令長官除令三十三軍劉奉濱師，佈防廣靈，章拯宇旅佈防靈邱外，並電中央請飭劉（汝明）部俟十八集團軍林師（彪）達到蔚縣後，再行撤防。乃劉部未行通知，竟於九月一日盡數撤退，以致淶源、蔚縣，空無守兵。敵乘隙而入，於十一日晚侵入蔚縣，我高（桂滋）部一團曾往強佔，但已無及，乃退據廣靈嚴陣以待。十二日晨敵二千餘，砲數門，由南徐堡向我火燒嶺高（桂滋）軍陣地猛攻，並向火燒嶺以左地區迂迴。同日廣靈東面之敵亦向洗馬莊附近壓迫。十三日敵分三路向我廣靈一帶進犯，一路步砲二千餘在火燒嶺西之劉家溝與我高（桂滋）部四九九團激戰甚烈，敵機不斷轟炸，我陣地多被摧毀。一路千餘向我廣靈城東之西加計、洗馬莊各陣地猛撲，我守軍李（仙洲）、劉（奉濱）二師奮勇堵擊，肉搏數次，終因傷亡過重，陣地被敵突破。旋我四二三團增援逆襲，呂團長（超然）奮不顧身，親率衝鋒，竟致陣亡，團附、營長均受重傷。另一路係由蔚縣經石門峪南進者，本日大部向我靈邱東北之刁泉村一帶攻擊，企圖切斷靈廣連絡。飛機大

26

閻錫山故居所藏第二戰區史料 **第二戰區抗戰要役紀（上）**
Historical Documents of the Second Theater in the Yan Hsi-shan's Residence
The Main Campaigns of the Second Theater in the Second Sino-Japanese War - Section I

砲，炸轟至烈，我章（拯宇）旅與之血戰終日，
雖損傷極重，卒將當面之敵擊退。是日閻司令長
官電章旅長（拯宇）謂：「靈邱為廣靈後路，係
一、二兩戰區之鎖鑰，為華北抗戰之生命線，希
振奮士氣，沉著殺敵。」又指示作戰方略云：
「此次敵人攻擊法，對於山地，固多用迂迴法，
但其對於攻擊方面，無不集中全力，以錐子式打
法攻一點，以鉗子式奇兵戳擊脇間，該旅長要將
不重要方面兵力集結於重要方面，判明敵情，厚
佈勢力，目前似以伊家店至蕉莊間為重要。」並
令十八集團軍及陳師（長捷）孟（憲吉）旅速向
靈邱方面推進，蓋恐靈廣有失，則平型關危，而
火燒嶺至利民堡之防線即被突破，一、二戰區北
部之連絡亦被切斷也。十四日廣靈方面，我高
（桂滋）、劉（奉濱）、李（仙洲）等部，受敵
一再猛攻，傷亡極鉅，又慮靈邱連絡，被敵切
斷，乃逐漸轉移於廣靈西南之井林互長城梁及周
圖寺、香爐台、鰲峪等地。旋敵亦跟踪而來，
我高軍曾在賀家窰、上下林關、鰲峪等處與敵激
戰，將其擊退。十五日拂曉，敵向我蔡莊、紅土
嶺、馬坡村、口前等處章旅陣地猛攻五、六次，
經我軍用手擲彈擊退。廣靈之敵，乘我變換陣
地，高、劉兩部，尚未取得連絡之際，以大部猛
攻我直峪口左翼陣地，我與敵肉搏五、六次，嗣
敵集中砲火掩護其步兵進攻，我劉師長（奉濱）
督隊力戰，以致受傷，遂轉移於義泉嶺北東西高

地。十七日靈邱驛馬嶺東北之劉家莊亦發現步騎聯合之敵千餘。十九日，靈邱東北之白曠村，到敵二千餘，以機砲向我章旅陣地猛轟，我守兵傷亡過半，陣地一度被其突入，賴我左翼劉師，由縣南溝一帶側擊，敵始退去。旋敵又源源增加，不斷衝擊，同日應縣失陷，我左翼頗受威脅，始退守靈邱南山，自此靈廣地區，盡淪敵手，戰事重心，移至平型關一帶。

（4）左雲右玉之戰

大同我軍撤退時，曾留騎二師孫長勝部駐守左雲、右玉以阻敵之西進，屏藩綏遠省會。九月十七日敵步騎千餘，戰車十餘輛，由大同向左雲進犯，十八日迫近南關，猛衝六、七次，我城內之騎四團及砲一連沉著應戰，城外之騎六團向敵夾擊，激戰劇烈。但城外我軍，受敵裝甲、坦克等車之突擊，城內復受敵砲火之猛轟，以致連繫隔絕，城遂被陷，我軍即向右轉移，敵亦跟蹤而至，十九日右玉城又陷。我軍一部撤至殺虎口外，一部撤至右玉南之威遠堡，藉以掩護晉西之交通。

（四）平型關會戰

26 年 9 月 21 日至 10 月 1 日

一、平型關附近形勢與我國防工事

　　勾注山脈橫貫於山西北部。東接太行，西連管涔；五台恆岳，屏峙南北；桑乾滹沱，縈帶左右；內長城蜿蜒其上，關隘羅列，道路崎嶇，自古有三晉內險之稱。諸關之中，雁門最著，勢亦最險，居代縣北，為太同公路所由經。寧武關位於雁門西南，陽方口當其外戶，臨恢河，憑長城，昔人嘗稱為晉邊第一要塞，今同蒲鐵道過之。平型關在繁峙縣東北一百六十里，即宋瓶形寨，南壓紫荊、倒馬二關，北通靈邱、廣靈大路，勢足以控制晉冀察之邊防，故恒為軍事上所必爭。惟路徑稍寬，堅守為難，加以平型、雁門之間，小口甚多，如團城、凌雲、小石、茹越等，皆依山傍城，錯列於渾、應、繁峙間，以言佈防，大有顧此失彼之感。雙七事變前，閻司令長官，鑒於日人之貪心無饜，必西向求逞，故即於晉綏之間，暗築工事，以備萬一。所謂中區工事者，即係由平型關，經凌雲、茹越、雁門、陽方各口，至神池利民堡之線。惜原定計畫尚未完成及半，且均暴露於外，目標顯然。比敵至，我所據以為守禦之資者，率被摧毀，以致平型關未能堅守。

二、我方兵團之部署

　　我軍由大同撤退之目的，本在集中兵力，鞏固雁門

30　閻錫山故居所藏第二戰區史料 **第二戰區抗戰要役紀（上）**
Historical Documents of the Second Theater in the Yan Hsi-shan's Residence
The Main Campaigns of the Second Theater in the Second Sino-Japanese War - Section I

防線，並利用山嶽地帶及我之既成工事，相機予敵以圍殲。最初兵團部署，係由火燒嶺起，在桑乾河南岸，沿恒山及勾注山，西迄利民堡止。靈邱、廣靈由十七軍及劉（奉濱）師姜旅擔任。應縣、渾源、繁峙間各口由楊澄源之三十四軍及李服膺之六十一軍擔任，朔縣、寧武間各口，由傅作義之三十五軍擔任，雁門正面由王靖國之十九軍擔任。其餘陳長捷及郭宗汾兩師集結於代縣、繁峙為總預備隊，此時防務，重在雁門，既而敵軍主力由靈廣、渾源奔來，平型關形勢吃緊，遂重新規定作戰地境：

（一）湯（恩伯）、劉（茂恩）為大戲山、寒水村、王莊堡、麻地坪、清水溝、大草坪之線。（靈邱、廣靈東面）

（二）劉（茂恩）、李（服膺）為沙河鎮、長柴溝、康峪、小辛莊之線（繁峙、渾源間）。李（服膺）、楊（澄源）為伏連坊、沙渠、北河種之線（繁峙、應縣間）。楊（澄源）、王（靖國）為上磨坊、石門峪、帳頭舖之線（代縣、山陰間）。王（靖國）、傅（作義）為上馬圍、紅河、羊道坡、上沙楞、一半村之線（崞縣、朔縣間）。

旋又為統一指揮，以專責成起見，復分別軍隊區如下：

（一）右地區總司令楊愛源，副總司令孫楚，第三十三軍、第十七軍、第十五軍屬之。

（二）左地區總司令傅作義，第六十一軍、第三十四

軍、第十九軍、第三十五軍屬之。

（三）預備軍第十八集團軍，第七十一師、第七十二師
屬之。

（四）軍以下部隊及砲兵分屬於各區。

迨至平型關外，激戰發生，又特令傅總司令率總預
備軍，加入右地區與楊總司令連合指揮。左地區總司令
職務由王軍長（靖國）代行指揮，各軍防線，又稍有變
異，但此均係戰鬥中之調遣，與戰前之部署者異。

三、會戰經過

靈廣我軍轉移後，敵板垣、東條等精銳步隊約十萬
餘人，分路進迫，自九月二十一日起至卅日止，在平型
關附近，血戰旬日，敵我皆蒙極大之損失。初閻司令長
官計畫，擬取與敵錯轉戰法，如敵主力右移大同，向
雁門進擊，我即以主力攻敵左翼，斷敵後路，不料平型
關最高山頭，首被敵佔，致將我出擊之計，易為爭奪山
頭之戰，前後屢得屢失者凡九次。最初八路軍（即十八
集團軍）一次，其次高桂滋軍一次，再次晉綏軍七次。
每攻一次，必蒙極大犧牲，往往一團之眾，僅餘百數十
人。高軍及孫（楚）、陳（長捷）、郭（宗汾）等部，損
失均在半數以上。於是出擊不成，轉成對峙之局。我軍
又計畫由晉綏軍固守平型關陣地，吸引敵之攻擊，俟敵
與我陣地粘著時，林（彪）師猛襲敵之側背，以期一鼓
將敵殲滅。結果雖未完全成功，然而蔡家峪、老爺廟一
役，敵鈴木兵團，被我聚殲，幾全軍覆沒，亦足以寒敵
膽矣。最後因茹越口失守，我軍全線被截為兩段，平型

32 　閻錫山故居所藏第二戰區史料 **第二戰區抗戰要役紀（上）**
Historical Documents of the Second Theater in the Yan Hsi-shan's Residence
The Main Campaigns of the Second Theater in the Second Sino-Japanese War - Section I

關後路，感受威脅，遂不得不向後轉移。茲分述各路戰事經過於後：

（1） 東西跑池與團城之爭奪

九月廿二日，靈邱方面步砲連合之敵四、五千向我平型關蔡家峪孟（憲吉）旅陣地進犯，我守兵一連，死力抵禦，全連幾盡犧牲。是夜敵復以大部猛襲平型關，經我軍奮勇迎擊，肉搏多次，將敵擊退。廿三日晨敵約一師團之眾，分兩路進攻平型關及團城口，以坦克車數十輛沿汽路向蔡家峪猛衝，我獨立八旅之一營，被迫而退。適高（桂滋）部之艾團趕至，與敵發生激烈之遭遇戰，艾團長重傷，李營長陣亡，官兵傷亡頗多，然敵亦未獲逞。旋敵復以二千餘人，向左翼迂迴我東西跑池南北高地之線。時兩高地守兵，僅孟旅郎團二營之五、六兩連，與數倍於我，佔有優勢之機械化部隊之敵，惡戰多時，殺敵無算，我兩連亦傷亡殆盡，五連僅餘十餘人，六連僅餘二十餘人，致東西跑池南北兩高地之最高點，終被敵佔領。孫副司令（楚）即令高（桂滋）軍以呂團、任團向南出擊，劉（奉濱）師以一部向北出擊，孟（憲吉）旅以徐團向東出擊，預備隊悉數推進，各部隊奮勇前進，血戰至午後一時許，將敵擊潰，克復東西跑池之兩高地。團城口之敵亦於午後四時，被我高軍擊退。廿四日晨，敵又增兵五千餘向東西跑池、團城口及講堂村各陣地

猛攻，砲擊甚烈，我陣地失而復得，激戰終日，
卒將敵擊退，並毀其戰車數輛，我高軍陣亡團
長、附、營長數員，連、排長三十餘員，士兵千
餘，其他各部隊，傷亡亦重。

（2）我軍出擊與老爺廟之殲敵

數日來敵主力在我陣地前屢受挫折，閻司令長官
特令出擊，以傅總司令率郭（宗汾）師之八個團
及楊（愛源）軍之四個團任之。約定分三縱隊，
迂迴途徑，直接襲擊敵之右側背，並以林師抄襲
敵之後路。廿五日拂曉，我軍分路出擊，適敵鈴
木兵團亦向我團城口以北高（桂滋）軍陣地猛
攻，我郭（宗汾）師及孟（憲吉）旅當即迎頭痛
擊，激戰至午，將敵左翼擊退。郭師連奪山頭數
個，並佔領鷂子澗南方高地，續行進攻。我十八
集團軍林（彪）師分三路向蔡家峪、小寨，主力
向老爺廟進攻。劉（奉濱）師兩營亦向敵左側背
掩進。九時林師佔領老爺廟、蔡家峪及一八六四
高地。小寨村有敵兵站守護隊，約步兵一營，被
我林師完全殲滅。並將平型關通靈邱之汽路截
斷，使敵之機械化部隊無法退走。又獲敵汽車
五十餘輛，焚燬敵軍用品甚多。平型關正面之敵
千餘，是日被我完全解決。團城口之敵，被我包
圍於深溝內正在設法聚殲，乃高軍出擊不利，全
部後退，致又演成爭奪陣地之戰。廿六日板垣師
團又由靈邱方面，增到千餘，與團城口之殘敵會

34　閻錫山故居所藏第二戰區史料 **第二戰區抗戰要役紀（上）**
Historical Documents of the Second Theater in the Yan Hsi-shan's Residence
The Main Campaigns of the Second Theater in the Second Sino-Japanese War - Section I

合，與我在鷂子澗、六郎城及一八六四高地一帶
激戰甚烈。我陳（長捷）師孟旅、郭師，因反復
爭奪高地，與敵演成拉鉅戰，雙方傷亡極重，廿
七日平型關方面被我包圍之敵，一部分突圍，其
餘頑強抵抗，堅不繳械，我乃實行殲滅，適敵亦
增到援軍二、三千名，向我左翼繞攻，雙方又展
開激戰。同時攻襲鷂子澗之陳師與攻襲六郎城之
金（憲章）師均未奏效，損失頗多。是日我空軍
飛前線偵炸，予敵損害頗大。廿八日我軍在平型
關外，連奪山頭村莊數個，殲滅敵軍千餘。我陳
師程團因突入太深，被敵包圍，僅餘士兵數十
人，其餘團長以下均殉國。同時敵一部由西跑池
北方向陳師陣地攻擊甚烈。自辰及申，二〇八旅
殘餘戰鬥兵，不滿百名。廿九日敵圍城為敵突
破，另兩個縱隊向平型關正面猛攻，我陣地數頻
危殆，卒賴將士用命，奮勇犧牲，挽回頹勢。

（3）茹越口與鐵角嶺之被突破

當平型關激戰期間，敵關東軍集中渾源附近，以
汽車數百輛向應縣輸送，廿六日開始向我茹越口
進犯，我守軍楊（澄源）軍梁旅（鑑堂）與敵兩
千之眾，激戰終日，斃敵甚眾。次日敵又增到千
餘，挾砲三十餘門，向我猛轟，我陣地工事，盡
被摧毀，和團守兵兩營，亦傷亡殆盡，梁旅長親
自督戰，不稍退卻。二十八日，戰況益烈，陣地
失而復得者三，卒因彈盡糧絕，後援不繼，梁旅

長重傷陣亡，敵乘勢衝入，直向繁峙北之鐵角嶺
進犯。時奉命赴鐵角嶺佈防之方（克猷）旅，方
行到達，而敵大部即至，方部立足未定，驟遭敵
猛攻，以致損失奇重，勉強苦撐一晝夜，於三十
日被敵突破。

（4）閻司令長官沙河督戰

閻司令長官自駐節嶺口以來，日理萬機，事必躬
親，不但對當前之戰鬥，一一指示，即關於動員
民眾，策畫長期抗戰之措施，亦未嘗稍緩。當茹
越口被突破，鐵角形勢吃緊之際，閻司令長官為
鼓勵士氣，挽救危局起見，於廿九日親臨火線，
拊循士卒，並在沙河召集諸將領，面授機宜。本
圖由平型關與雁門關各抽調兩旅，以殲滅由鐵角
嶺突入之敵，無奈各方敵大隊續集，形勢頓非，
不得已遂決定另佈陣地，作再度之決戰。司令長
官到五台台懷鎮指揮佈署。

（5）我軍之轉移

自廿八日以來，平型關互小石口、茹越口，敵全
線猛攻；同時朔縣被陷，敵向雁門關、陽方口
方面，施行壓迫，亦與我發生激戰。斯時我以步
兵十六個師、砲兵五個團之兵力，擔任五百餘里
之防線，敵則挾其精銳之武器，以十餘萬之眾，
集中一點，向我猛攻，鐵角嶺被突破後，繁峙旋
即失陷，我平型關後路，完全為敵遮斷，乃於十

36 　閻錫山故居所藏第二戰區史料 **第二戰區抗戰要役紀（上）**
Historical Documents of the Second Theater in the Yan Hsi-shan's Residence
The Main Campaigns of the Second Theater in the Second Sino-Japanese War - Section I

月一日決定由五台台山山陰之神堂堡、車廠、山羊會、香坪裡、大黃尖、葫蘆咀、羊草渠、樓圪梁、峨口、峪口，經代縣、雁門關至陽方口之線，佔領斜角陣地，期於大谷之中，殲滅敵人，平型關戰事，遂告一段落。

（五）雁南各地之阻敵

26 年 10 月 1 日至 12 日

平型關我軍撤退時，閻司令長官親到五台台懷鎮指揮部署，令十九軍固守崞縣，三十四軍姜旅固守原平，獨立第七旅馬旅固守軒崗，阻敵南下，以掩護大軍在忻縣附近之集中。自十月一日起，約一旬間，敵乘我大軍轉移陣地之際，狂突猛進，橫施壓迫，而我各地守軍無不誓死效命，與敵周旋，尤以原平一役，姜旅幾全部殉難，使我大軍克集，厥功尤偉。壯烈之蹟，堪與張巡陽相媲美，故於忻口會戰前，特書斯章，以著各守軍阻敵之偉蹟。

一、代縣與陽明堡之役

敵陷繁峙後，繼撲沙河，經我卅五軍，勇猛抵抗，掩護各部隊轉移陣地。十月二日，敵大部向代縣方面急進，另一部千餘竄至陽明堡附近。我十九軍即起而應戰，歷經兩日，予敵相當打擊後，始撤至崞縣，憑城固守。

二、崞縣之守禦

十月四日，敵淺湯部隊，約千餘人，在飛機掩護下，向崞縣進犯。時守城部隊為十九軍主力及砲二十一團兩營、砲二十五團一營、砲二十二團第五連，由十九軍軍長王靖國親率指揮。城防配備，係由砲二十一團二

38

閻錫山故居所藏第二戰區史料 **第二戰區抗戰要役紀（上）**
Historical Documents of the Second Theater in the Yan Hsi-shan's Residence
The Main Campaigns of the Second Theater in the Second Sino-Japanese War - Section I

營及砲二十二團五連協助第二一五旅守城北；砲二十一團
三營協助四三〇團守城西；砲二十五團野砲營守城東。
其餘各部，分佈近郊。六日午後，敵步兵迫近城北關外
之西橋附近。我劉、馬二團與敵激戰終夜，敵稍受挫，
劉（良相）團幾全部殉難。七日敵增至五、六千餘，向
城西北隅猛攻，飛機二十餘架，輪流轟炸，重砲四門，
野砲十數門，對北城行地區射擊六小時，城垣被毀，城
內幾成焦土，守兵傷亡殆盡。戰至午後，西北城角，忽
被轟塌數丈，敵乘勢衝入，我東西城守兵奮勇夾擊，肉
搏巷戰，終因眾寡不敵，晚始突圍而出，退據城東南之
辛章村附近。是役陣亡團長二、參謀一，其餘營長以下
官兵，不下數千人。

三、原平之血戰

　　原平在崞縣城南四十里，地當交通衝衢，無河山之
險，城湟之固，又非預築之國防、省防工事所由經。平
型關退卻時，姜旅長玉貞奉命來此守禦，所部不過兩
千，令所附之砲二十六團第二營，倉卒佈防，乃部署未
定，而敵即掩至。十月五日，敵軍數千附重砲多門及裝
甲、坦克等車數十輛，一面圍攻崞縣，一面南犯原平。
意在挾其精銳之器，長驅直下，進薄忻縣，斷我右路軍
（五台一帶）歸路。詎料我姜旅官兵咸抱與陣地共存亡
之決心，絲毫不為所懾。是日與敵肉搏衝鋒五、六次，
雖在飛機不斷轟炸下，仍能沉著應付，擊退敵軍，且斃
其大尉左籐以下官兵數百名，獲得敵計畫及地圖甚多。
六、七兩日，敵又增援來犯，我砲位多被摧毀，而士氣

極旺，惟以手擲彈與相衝殺，我之傷亡固重，敵之損失更數倍於我。八、九兩日，崞縣敵大部移來，將原平鎮，重重包圍，砲火交熾，戰車猛衝，空軍則極盡慘毒之能事，而我守軍仍屹然不為所動。十日敵藉飛機大砲之掩護，首以戰車衝入堡內，步兵隨之撞入，時我守兵傷亡僅餘數百，且後援未至，猶能奮厲激昂，激烈巷戰，或登屋頂，或據牆壁，因利乘便，伺機殺敵。十一日姜旅長督率殘部二、三百人，據堡東北角，與敵作最後之決鬥，敵傾其陸空之力，上下合圍猛攻。我惟恃忠勇之精神白刃格鬥，激戰良久，姜旅長陣亡，餘部亦傷亡殆盡，原平遂整個被陷。是役也，守軍自主將以下，幾無生還者，孤軍力戰，阻敵南下，雖張巡之守睢陽，何以過是哉。

四、寧武軒崗之役

九月二十八日敵籐井步隊，攻陷朔縣，旋即向陽方口及寧武進犯。十月二日經我十八集團軍賀師及馬（延守）旅，合力擊退。蓋寧武為晉西北門戶，若有失，則我忻口左翼即感受威脅也，五日敵復猛犯楊方口，我馬旅與敵激戰徹夜，馬旅長親率護兵，加入前線督戰，終以眾寡懸殊，於六日早被敵侵入。同日寧武亦陷敵手。七日敵即向軒崗竄擾，經我馬旅殘部，努力抵禦歷經五日，又將寧武克復，此後即入於忻口會戰期中矣。

（六）忻口會戰

26 年 10 月 13 日至 11 月 3 日

一、忻口之位置形勢

　　忻口位於忻縣城北五十餘里，緊毗崞縣，距原平鎮約三十五里。丘陵起伏，拱翼左右，滹沱河流經其下，雖無峻嶺深谷，重關隘路之險，而漢唐以來，常為雁南屯兵重鎮。今同蒲鐵路，縱貫其間，交通上更屬便利。平型關戰局轉變後，中央援晉步隊，陸續抵此，即利用附近地形，構築簡單工事，東起蔡家崗、靈山，西迄界河舖、南懷化、衛家莊，以忻口為陣地之軸心。左翼遠接寧武，右翼遙控五台，忻縣為後衛，沿同蒲路連絡太原，與敵展開激烈之大會戰。

二、忻口戰前國內一般情態

　　平型關戰局轉變之際，華中則淞滬戰事正烈，我全國精銳，幾全集中於彼；華北則河北省內我軍，同時後撤，使山西左側，陷於空虛，予敵以迂迴包圍之機。蓋當時太行山各口隘，毫無佈置，加以正定及滹沱河放棄過早，致令擔任晉東防務之趙（壽山）、曾（萬鍾）、馮（欽哉）等部，立足未定，而敵即跟踪而至。娘子關頓形吃緊，不得已將集中太原，準備使用於忻口方面之孫（連仲）部，臨時改向娘子關增援，致將東面憑險固守，北面以優勢兵力積極進攻之計畫，為之破壞。此忻口戰役勝敗之重要關鍵也。

42 閻錫山故居所藏第二戰區史料 **第二戰區抗戰要役紀（上）**
Historical Documents of the Second Theater in the Yan Hsi-shan's Residence
The Main Campaigns of the Second Theater in the Second Sino-Japanese War - Section I

三、我方作戰計畫

此次會戰在以攻勢防禦之目的，將主力配置於蔡家崗、靈山、界河舖、南懷化、大白水、衛家莊、一四八二高地迄陽方口既設陣地線。兩翼依托五台山及管涔、雲中各山脈，縮短戰線，集中兵力，對侵入之敵，乘其立足未穩，迅速擊滅之。同時令十八集團軍之林、賀各師，分向平型關及雁門關，迂迴包抄，並截斷敵後方連絡線，以使主力作戰容易。並派有力部隊一支由馬蘭口方面，相機威脅敵之右側背，形成優越之包圍態勢。

四、我方兵團部署

初以第十八集團軍（欠一百二十師）、第七十三師（附砲兵一營）及新編第二師為右翼軍，歸朱（德）總司令指揮。在五台山、羅圈溝、軍馬廠、翠岩峯、掛月峯迄筭口、峪口之線，佔領陣地。以第四集團軍、第九軍（欠第四十七師）、第十五軍、第十七軍、第十九軍及第一百九十六旅、砲兵二十七團（欠第四、第六連）為中央軍，歸衛（立煌）總司令指揮。在蔡家崗、靈山、界河舖、南懷化、大白水至 1482 高地之線佔領陣地，以另一部在中解村、陽明堡、虎頭山、黑峪村之線佔領陣地。以第六十八師、第七十一師、第一百二十師，及獨立第七旅、砲二十三團第三營、砲廿四團第三營、砲廿八團第三營為左翼軍，歸楊（愛源）總司令指揮，在黑峪村迄陽方口之線佔領陣地。以第卅四軍（欠一百九十六旅）、第卅五軍、第六十一軍、第六十六師及獨立第一旅、獨立第三旅為總預備軍，歸傅（作義）

總司令指揮，位置於定襄、忻縣一帶策應各方。此戰事一開，我傅、王、陳各部，咸增加於正面，朱、彭等部，則迂迴至敵後襲擊，兩翼部隊，所餘無幾。

五、會戰經過

當原平陷落時，我大軍已集中忻口，自十月十三日起，雙方展開空前之激戰。我方軍隊，除空軍一隊外，約計步騎砲十二萬人，由衛立煌、楊愛源、孫楚、傅作義、朱德、彭德懷、郝夢齡、李默菴、高桂滋、劉茂恩、王靖國、郭宗汾、陳長捷等分路統率，前敵總司令衛立煌統一指揮。閻司令長官，坐鎮太原，遙為指示。敵方總司令官為板垣征四郎，陸續參加部隊，有第二、第三、第五、第十一、第十九等師團，及獨立聯隊四個，關東守備隊與偽蒙軍各數師，附以騎砲空及機械化等兵團，合計亦不下十餘萬人。血戰兼旬，我閻司令長官籌畫精密，衛總司令督戰嚴厲，先後在南懷化、大泉、永興村、靈山、官村等地殲敵三萬餘，斃其旅團長藤田以下官長多人。我第九軍郝軍長夢齡、劉師長家麒、鄭旅長延年為堵擊南懷化之破口，身先士卒，相繼殉國，其餘師旅官長以下及士兵傷亡者，不下三、四萬人。當時為以砲火壓制敵人，曾消耗砲彈五萬八千餘發，其他軍實無算；敵之消耗，更數倍於我，戰鬥之烈，可想而知。當我軍與敵在忻口正面膠著激戰之際，我朱德、彭德懷部，曾繞至敵後，斷其交通，敵軍全部，本有被我困殲之勢，惜正太線被敵突入，以致牽動全局，不得已遂於十一月四日，忍痛轉進於太原附近。

44　閻錫山故居所藏第二戰區史料 **第二戰區抗戰要役紀（上）**
Historical Documents of the Second Theater in the Yan Hsi-shan's Residence
The Main Campaigns of the Second Theater in the Second Sino-Japanese War - Section I

茲將戰鬥詳情縷述於下：

（1）忻口正面陣地之爭奪

十月十三日拂曉，敵飛機三十餘架，竟日在我第
九、第十四兩軍陣地轟炸，並以戰車五、六十
輛，砲四、五十門，掩護步兵五千餘向我南懷
化、閻莊陣地猛攻。南懷化陣地突破，旋經我傅
（作義）、李（默菴）、陳（長捷）等部增援反攻，
激戰徹夜，將突入南懷化之敵八百餘殲滅，殘敵
數十名被俘。同日我衛部八十三、八十五兩師，
由左翼向永興村以北亙馬家山一帶之敵猛攻，激
戰終日，斃敵三千餘，毀敵戰車二十二輛。十四
日增援二千餘，又將南懷化攻陷。同時左翼永興
村，右翼靈山，各有敵軍五、六千人，與我終日
激戰。十五日，我對敵已形成包圍形勢。自十四
日晚起，大舉進攻。我李（默菴）軍曾攻佔新舊
練莊、閻莊、衛家莊之線。傅（作義）軍曾攻佔
板市、下王莊、弓家莊之線。旋敵增兵反攻，並
以坦克車數十輛，橫衝直撞，肉搏終日，仍成對
峙狀態。惟十四日夜突入南懷化之敵兩千餘，經
我傅（作義）總司令督同李（仙洲）部，數度圍
攻，殲滅淨盡，獲軍用品甚多，並毀敵裝甲車八
輛。右翼劉（茂恩）軍靈山陣地，被千餘之敵攻
擊，失而復得。左翼敵主力七、八千在永興村、
安家莊一帶與我李（默菴）、郝（夢齡）、陳
（長捷）各部激戰一晝夜。往復爭奪，雙方傷

亡均重。我郝軍長夢齡、劉師長家麒、鄭旅長延年，同時督戰陣亡於大泉村。李師長仙洲、于旅長鎮河、董旅長其武均受傷。十六日，雙方均無甚進展。惟攻佔板市、弓家莊之三十五軍因過於突出，仍撤回原陣地。右翼靈山陣地，又一度被敵突破。十七日敵分三路猛攻，一路約千餘，攻我右翼，被劉（茂恩）軍擊退。一路約四、五千人，曾一度衝入官村、南懷化，經我陳（長捷）軍反覆衝擊，相持不下。一路三千餘，由戰車三十餘輛掩護，向我左翼李（默菴）軍進攻，經我軍奮力擊退。是日敵機多架，不斷在我陣地上空轟炸掃射，雙方傷亡均重。我陣地略向後轉移。十八日敵復增加部隊，向我正面猛衝，我李（仙洲）部陣地，幾全被轟毀。呂旅長（祥雲）、王團長（元堂）均負傷。一二四、一二五兩團營、連長，傷亡殆盡。大白水方面，戰鬥亦烈，陣地失而復得，我砲二十三團第一營營長趙隱鋒，冒險指揮，竟以身殉。十九日至二十三日，敵步隊陸續至前線者約六萬餘，以主力猛犯，除用飛機、大砲連續轟炸外，並使用催淚瓦斯彈射擊，我軍堅苦奮戰，前仆後繼，雖陣地盡被毀壞，仍能死守不移。有時稍向後卻，旋即增援逆襲，往往為一點之得失，雙方傷亡至千百人。結果敵之進攻，終未得逞，而我陣地依然如故。此數日內我十九軍王靖國部，抗戰特力，陣亡及重傷團長各二員。敵之傷亡，更重於我，且被擊落飛機兩

46　閻錫山故居所藏第二戰區史料 **第二戰區抗戰要役紀（上）**
Historical Documents of the Second Theater in the Yan Hsi-shan's Residence
The Main Campaigns of the Second Theater in the Second Sino-Japanese War - Section I

架，毀其裝甲車、坦克車各二十餘輛，此後再不敢迫近我陣地。同時我左右兩翼之大白水及靈山一帶，亦被敵屢行猛攻，但均無進展。廿四日我右中左陣地，各以一部出擊。在正面將滹沱河東岸之敵肅清。中正面適遇敵軍進攻，遭遇激戰，雙方無進展。左正面一度將敵擊退，旋敵又向南峪、盟膽猛攻，砲火甚熾，我軍仍退守原陣地。二十五日，左翼戰事仍激，右翼及中央戰況稍緩。廿六日，我左翼盟膽村陣地一度被敵突破，旋又經派隊恢復。中正面敵在南懷化增加千餘，屢攻未逞。右翼敵攻我靈山及南郭下以南陣地未逞，惟東西榮花被奪去。廿七、八兩日，敵各種利器兼施，並使用坑道法，逐漸進逼。初向左右兩翼猛犯，經我用對壕前進及小部側擊法應付之。既又向我中央陣地強襲，當時形況，頗為危殆，我衛總司令特懸重賞激厲士卒，卒敗敵軍，轉危為安。廿九日。敵步砲空聯合，向我左翼盟膽村附近高地猛犯，激戰終日，我陣地曾一度被陷，幸我援軍馳至，奮勇肉搏，卒將敵約二千餘人，完全殲滅。我守軍八十三師，連日犧牲，所餘不足一團。中央陣地，因敵新增野砲數門，猛烈轟擊，我南郭下南方面高地，被敵突破二、三里，惟其最高山頭仍在我手。三十及三十一日，雙方各據陣地對峙互擊，情況無變化。十一月一日起，因晉東之娘子關、平定、陽泉先後失陷，敵軍逐次向太原以東地區壓迫，為鞏固後防計，

忻口我軍奉命向菜家塢、青龍鎮、天門關之線轉
移。此後前線僅餘少數步隊,掩護退卻。大部則
向預定地區撤退,迄至四日,血戰兩旬餘之忻
口,遂與我軍告別矣。

（2） 我軍在敵後方之游擊

初我方兵團部署,係將主力配置於忻口正面,另
以相當兵力,留置於五台及寧武一帶,作為兩
翼,藉收圍殲之效。嗣因敵之主力,重在當面突
破,忻口戰事,異常激烈,遂將兩翼部隊,一部
移增正面,其餘以小部扼守據點,以大部向敵後
方游擊,意在截斷敵軍後方連絡,此種計畫雖未
完全作到,然亦使敵感受不少之威脅。

十月十三日,我林(彪)師一團,佔領平型關,
並將團城口東河南汽路,破壞十餘里。次日又在
平型關東之小寨村附近截獲敵援軍汽車數十輛,
斃傷敵二百餘。

十九日晚我續團游擊隊協同十八集團軍侵入陽明
堡南約五里之泊水村敵飛機場,焚燬敵機二十二
架,同日晚我賀師(龍)一部佔領雁門關,破壞
公路橋樑五處。

二十三日,我十八集團軍宋克隊,於黃昏後在周
莊(岱岳北十四里)附近埋伏,遇由大同開廣武
之敵汽車三十一輛,經我截擊,毀其汽車十八
輛,並將所載糧彈焚燬,俘日兵三十餘名及槍
械數十枝。又一百二十師王旅劉團一部在王董

48　閻錫山故居所藏第二戰區史料 **第二戰區抗戰要役紀（上）**
Historical Documents of the Second Theater in the Yan Hsi-shan's Residence
The Main Campaigns of the Second Theater in the Second Sino-Japanese War - Section I

村（崞縣北約十五里）埋伏，遇敵由崞縣北開
之汽車八十餘輛，當毀其廿四輛，並槍枝、軍
毯數十件。

二十六日，我林（彪）師楊支隊連日攻佔廣靈、
蔚縣，獲敵槍械卅餘枝，毀敵汽車四輛，雙方傷
亡三百餘人。

二十七日，我騎兵彭（毓斌）師，一度攻下廣
武，斃敵七、八十名，毀敵汽車八、九輛。騎六
團將桑乾河安營（岱岳南十五里）大橋破壞三分
之二，斃敵六十餘，獲槍數枝。

（七）娘子關會戰

10 月 10 日至 11 月 4 日

　　忻口會戰，序幕方開，晉東形勢即行吃緊。當時二戰區部隊，咸集中於忻口，晉東防務，原恃第一戰區為屏障，雖有天然險要，多未置守禦，實亦無力兼顧。號稱晉東唯一門戶之娘子關，僅駐砲兵一團而已。不意平漢線我軍，驟即撤至石家莊以南，敵之主力，乘機東向，陷平山，越井陘，直撲娘子關。倉促之間，我乃將由平漢線撤回之孫連仲部轉移於娘子關一帶，扼守晉東門戶，同時中央任黃紹雄為第二戰區副司令長官，令負晉東指揮之責。孫軍以久戰疲乏之餘與敵血戰旬餘，最初搶堵舊關，爭奪娘子關東西高地；既而轉戰於上下盤石及陽泉、平定附近。敵始終採用迂迴戰法，常從兩翼包抄；我守彼攻，防長力單，故每被突破。迨川軍鄧、孫兩部到晉，陸續加入平定方面作戰，又以地形生疏，素質較差，亦未能穩定戰局。最後我集中兵力於壽陽附近，準備作一決戰，藉以遲滯敵之猛進，支持忻口勝利。無奈士氣疲餒，兵乏鬥志，雖嚴申法令，而戰績莫彰。旋榆次附近，發現敵踪，此後即轉入太原會戰期內。是役也，敵方初為川岸兵團，陸續增加者，達兩師團餘。我方參加部隊，共計不下八、九萬，論地形，論兵力，皆我佔優勢，其守禦之易，遠逾忻口，然而戰果特微者，人事之未盡也。

50 閻錫山故居所藏第二戰區史料 **第二戰區抗戰要役紀（上）**
Historical Documents of the Second Theater in the Yan Hsi-shan's Residence
The Main Campaigns of the Second Theater in the Second Sino-Japanese War - Section I

一、娘子關附近之戰

　　晉冀之交，太行山脈縱列南北，娘子關位於其間，扼東西來往孔道，實晉東唯一門戶。峯巒糾紛，羊腸鳥道，自古稱為天險。今雖正太鐵路通過之，仍不失為防守要地。當二戰區傾全力於忻口會戰之際，敵忽由平漢線大舉西犯。十月十二日一部由井陘北之賈莊、小棗向井陘正面進攻，一部約千餘名繞攻長牲口，直抵舊關，進迫娘子關側後。當時我因兵力未集，部署未定，情形危急萬分。十三日，黃副司令長官紹竑親蒞前線，指揮部署，當令新由平漢線轉來之第二集團軍趙（壽山）師以一部固守雪花山，一部向長牲口出擊，遲滯敵人前進。同時令孫（連仲）抽調一師，困殲竄至舊關之敵。趙師初頗得手，後被敵猛烈反攻，致將雪花山失陷，不得已退守乏驢嶺。雪花山位於井陘西南，地勢最高，實娘子關之外屏，此山一失，則娘子關之鎖鑰即開。十四日，孫（連仲）部第二十七師一團由葦澤關向核桃園，又一團由新關向舊關進攻，激戰至午後，始將敵一股四百餘殲滅，又一股竄往核桃園東南高地。至此局勢稍定，乃就當時晉東所有兵力，配備於娘子關一帶，阻敵西進。其部署情形如下：

（一）第三軍第七師派兵三團（欠兩營）在九龍關至北孤台之線佈防，其餘在舊關西南集結，消滅舊關附近之敵。

（二）九十四師及一百七十七師之許旅在黑山及龍泉關一帶佈防。二十六路派兵一團在六嶺關扼守。

（三）二十七師全部速在娘子關集結，並以重力進佔

葛丹陣地。三十師派兵一旅佔領桃林坪、小棗
之線,抗拒敵人西進。

(四)三十一師速由陽泉開至程家隴底為總預備隊。

此外又將五台山方面之十八集團軍劉伯承師調來增
援,令第二集團軍孫總司令(連仲)負娘子關方面之作
戰指揮全責,並懸賞洋五萬元,限十六日前將舊關附近
之敵完全解決,申令各部如有畏縮不前者,就地槍決。
蓋欲以重賞嚴刑,振作士氣,挽救危局於萬一也。十五
日早敵第十七聯步砲共約一千餘人,附小砲四門,以一
股約五、六百名侵入舊關,一股約六百餘名附山砲二
門,侵入關溝。兩地皆在正太鐵道以南,北距娘子關不
過數十里,如有失則我右臂斷矣,故不得不以死爭之。
當晚我廿七師及第三軍之敢死隊將關溝、舊關之敵,包
圍痛擊,斃其上、中尉以下官兵三百餘名,獲戰馬數十
匹,砲二門,槍枝、文件甚多。正在繼續圍殲肅清之
際,忽又有敵五、六百名經大小龍窩向舊關馳援。致稍
停頓。十六日拂曉,我實行總攻,首將關溝殘敵肅清,
大小龍窩亦被我二十七師切斷。王家嶺高地之敵,經我
第二軍攻擊,未有進展。舊關之敵,雖被我包圍,但仍
據較高陣地,頑強抵抗,且敵機甚活躍,我仰攻困難,
故終未下。薄暮,我廿七路工兵營陣地遭敵反攻突破,
陝教導團千餘人增援,與敵激戰,損失奇重,團長李振
西負傷。遂決定對舊關之敵,先切斷其後路,然後包圍
聚殲。以第三軍一部封鎖大小梁家、范家嶺、北羊溝、
紅土嶺各要點,阻敵後續部隊之進路。廿七師以有力一
部佔領長牲口、大小龍窩。第三軍主力九十三旅、廿七

52 閻錫山故居所藏第二戰區史料 **第二戰區抗戰要役紀（上）**
Historical Documents of the Second Theater in the Yan Hsi-shan's Residence
The Main Campaigns of the Second Theater in the Second Sino-Japanese War - Section I

路及廿七師之部，並加入砲壘大隊山砲四門，擔任舊關
之圍攻。十七日早，舊關附近之敵，大舉反攻，敵我肉
搏十餘次，傷亡均重。我第三軍唐（淮源）師，奮勇衝
殺，迫近舊關，奪其西側高地，並截斷舊關至核桃園間
通路。我廿七師黃旅，亦同時向核桃園進攻，毀敵砲數
們，奪獲步機槍百餘枝，並斃敵甚多，我亦傷亡五、
六百人。十八日，敵由大小龍窩通舊關道路以南之山地
鞍部突　敵部隊七、八百人，分向我教導團及第廿七師
陣地突進。我軍四處堵擊，敵未得逞。乃退據附近高
地，構築工事，與我對峙。十九日，乏驢嶺方面，敵新
增加千餘，向我十七師陣地攻擊甚烈，守軍團長受傷，
該嶺遂致失陷。敵即沿正太線西進，經我卅七師李旅星
夜趕至北峪，將敵擊退。廿一日，井陘之敵又增加七、
八聯隊，其後尚有偽滿軍數師，自昨日起，各路猛攻，
並以飛機多架投擲燃燒彈，我一〇〇〇高地及北峪以北
貴泉村之陣地，被攻破，守軍幾全部殉國。舊關之敵，
一部已進到葦澤關附近，三十師正面，受敵壓迫，全線
被突破。孫總司令以形勢危急，所部傷亡過重，曾電閻
司令長官請援。時十八集團軍劉（伯承）師已到陽泉，
川軍鄧錫侯部已抵榆次，當令迅速開往娘子關一帶增
防。廿三日敵步騎砲聯合部隊約三千餘由橫口車站渡河
後向西南前進，企圖向我右翼作一大迂迴，直趨平定。
我軍聞訊，即馳往固欄鎮與魏家凹一帶佈防堵擊。廿
四日雙方在七戶村、固欄、蔣家村等地遭遇接觸，我
一二九師陳旅，頗受損失。至於娘子關附近，兩日內反
形和緩，僅有稀疏之砲聲。廿五日我川軍一二二師一

旅，到達前線，奉命前往馬山村接防，不意中途遭敵側襲，竟爾潰退。時原駐馬山村之第三軍，以為川軍即到，向後轉移，致敵騎乘隊竄入十字路、亂安村，直犯固驛鎮右側背。敵便衣隊且竄至陽泉東北。廿六日馬山村方面之敵約四聯隊，有急犯平定之勢，我新到之川軍一二二師戰鬥力薄弱，此外又別無部隊可派，遂將娘子關主力移至巨城鎮、移穰鎮，進出橋井驛、橋頭村，以本日第二次新加之川軍一二四師之一旅，推進石門口，準備對敵總攻，娘子關遂於是日失守。

二、正太沿線各處之阻敵

娘子關我軍撤退後，原計扼守巨城鎮經上下盤石至固驛鎮之線，阻敵西進，並相機反攻。無如敵陸續增加至兩師團之眾，我孫（連仲）、馮（欽哉）、曾（萬鍾）、趙（壽山）等部，傷亡特重，新到之川軍，戰鬥力又弱，以致陣地尚未堅立，即遭敵猛襲，意外之損失極重。十月廿七日，我各部隊分別向新陣地轉移，敵跟踪壓迫，我軍且戰且退。廿八日移穰鎮、東小麻、會禮村各陣地首被突破，敵軍八百餘尾追前進，我反覆肉搏，凡三、四次，終因士氣餒挫，巨城鎮、亂流相繼失陷，比晚圪套村亦不守。右翼之石門口，被敵千餘猛攻，我守軍一旅，強烈抵抗，傷亡僅餘四百餘人，不得已而轉移於平定西郊高地。是時我軍已陷於被圍狀態之下，軍心渙散，兵無鬥志，一六九與一二二兩師竟莫明位置所在，孫總司令（連仲）雖嚴令堅守陣地，亦無能為力，迄卅日陽泉、平定相繼失陷。

54 | 閻錫山故居所藏第二戰區史料 **第二戰區抗戰要役紀（上）**
Historical Documents of the Second Theater in the Yan Hsi-shan's Residence
The Main Campaigns of the Second Theater in the Second Sino-Japanese War - Section I

　　當平定緊急之際，孫總司令（連仲）以奉蔣委員長電令著在壽陽以東地區堅強抗戰待援，曾擬定節節抵抗計畫如下：

（一）抵抗地帶以現陣地為第一次，以趙家莊、南茹村、辛興鎮為第二次，以台泉、上龍泉鎮、郭家莊、南溝為第三次，以松塔鎮、范豹嶺、芹泉鎮為最後死守地帶，如有退出此線以西者處罪。

（二）各部隊活動範圍，四二軍沿正太路向右四公里並與卅師連繫，向左二公里。三十師在道路兩側各二公里，並與右翼卅師連繫，各按此規定節節抵抗。

（三）各部變換抵抗地帶須俟本部命令施行。

　　但各軍迄未遵守執行，比三十日晚，二十七師撒至賽魚村、琅澝村；卅師撒至葦池村；卅一師撒至西冶、劉家莊；川軍曾旅撒至南北湯勝；一六九師撒至西崰村；四十二師撒至上烟里。同晚第十八集團軍彭副司令（德懷）率陳旅先頭部隊到上龍泉，徐副師長（向前）率七六團到馬介川村，黃副司令長官移駐馬首。孫總司令移駐壽陽。卅一日早敵軍七、八千向我鐵道線正面及右翼分頭進攻，經激戰後，我軍傷亡慘重，各部隊所餘戰鬥員不及四分之一，復向後轉移。在南北茹村互河口之線，勉強支持。另敵一支突由九龍關進佔昔陽東冶頭鎮。十一月一日，桑掌右端高地被敵佔領，昔陽方面，敵進至西固壁與我十八集團軍劉（伯承）師對峙。二、三兩日，我各陣地又被敵突破，部隊全潰，所餘戰鬥員總共不過八百餘人，孫總司令特移駐榆次東之蘆家莊，

從事收容。四日敵進佔壽陽，我守城部隊突圍而出，以次轉移於榆次附近。時正太線，幾全部被敵控制，我惟有利用太原附近工事，與敵再作會戰。

（八）太原會戰

26 年 11 月 4 日至 8 日

一、太原附近形勢

太原為山西省會，居全省中央，同蒲、正太兩鐵道，交會於茲，公路四達，交通便利。東西兩山，左右對峙，為天然堡壘。城西瀕汾河，貫通南北，為晉省唯一巨川。城北則煙囱林立，各大工廠在焉。城周二十餘里，牆垣堅整，可資固守。二戰區之軍政重心及經濟資源咸寄於此。

二、我方作戰計畫

娘子關被突破後，敵川岸部隊約四、五萬人，分路西犯，節節進迫；同時忻口方面，經兩旬血戰，亦未達殲敵目的。嗣為縮短戰線，保持資源重地起見，乃將各軍逐漸向太原四周既設陣地轉移，以便實行依城野戰，消耗敵兵力，待我後續兵團到達，再施行反攻，夾擊而聚殲之。作戰計畫，以殷家堡、黃陵、北營、趙家坡、張河村、菜水堰、橫嶺上、西黃水、青龍鎮至周家山之線為外圍，本持久防禦之目的，竭力加固工事，阻敵前進，逐漸消耗其力量。另在風閣梁、歡咀村、郭家窰、陳家窰、欄崗村、崗北村，構築內部防禦線，以鞏固正北面。太原城則編成複廓要塞，以資作最後之戰鬥。

58 閻錫山故居所藏第二戰區史料 **第二戰區抗戰要役紀（上）**
Historical Documents of the Second Theater in the Yan Hsi-shan's Residence
The Main Campaigns of the Second Theater in the Second Sino-Japanese War - Section I

三、兵團部署

（一）以第三十五軍（第二一一旅、第二一八旅）、
　　　獨立第一旅、第二一三旅，新編第三、第九各
　　　團、第七十三師之一旅，及砲二十二團劉團長
　　　（倚衡）指揮之砲二十一團、砲二十二團（欠第
　　　二營營部及第三、六連）、砲二十五團第一營砲
　　　壘大隊，並由忻口開拔中之第七十一師、獨立
　　　第七、第八旅等部統歸傅總司令（作義）指揮，
　　　佈置太原城防。

（二）以黃副司令長官指揮之各部在北營、趙家坡、
　　　張河村、劉家河及孟家井、上莊一帶佔領既設陣
　　　地，以衛總司令（立煌）指揮之各部隊在菜水
　　　堨、青龍鎮、天門關一帶，佔領既設陣地，統歸
　　　衛總司令指揮，在太原附近準備依城野戰。

（三）以達到黎城、東陽關之湯恩伯軍向榆次附近推
　　　進，俟敵攻太原時，與太原附近部隊夾擊而殲
　　　滅之。

（四）太原近郊並城周重要工事，由新編第六旅、獨
　　　立第一旅之步兵一部及騎兵連，擔任警戒。

四、作戰經過

　　當忻口與娘子關戰事同時緊張之際，閻司令長官為
鞏固我資源重地，曾於十月廿三日電令傅總司令（作
義）指揮董其武、陳慶華及新編第三、第八、第九等團
佈置省垣城防，原期以太原為一大據點，以由忻口及正
太線撤回之師為外應，並以由東陽關開入之湯恩伯軍，

及由清化開入之劉湘部為支援，預期敵之主力若圍困太
原，我以內外夾攻之勢，予敵以殲滅之打擊。不料東路
軍撤退過速，使敵直薄太原東山，致忻口撤回部隊，未
能立足，預定入城增防部隊，又被敵阻，而湯部由子洪
口進出先頭，亦被潰軍牽動，劉湘部被留於新鄉一帶，
未能及時趕到，於是太原城外之大會戰盡歸泡影。然我
傅總司令仍督率城防守軍，猛烈抵抗，自十一月四日至
八日晚，血戰五晝夜，斃敵數千，方行退出。仍不失為
一重要戰役，茲述其戰況於下：

（1）近郊堵擊

十月四日晉東之敵與我孫連仲部在榆次附近激戰
終日，敵援軍續至，我軍被壓迫於榆次西南地
區，榆次城因以不守。同日由忻口撤退之我軍，
受敵猛烈追擊，未能保持青龍鎮東西陣線。五
日，逐漸轉移於太原附近。六日拂曉敵板垣兵團
之先頭部隊，約千餘人進至城北兵工廠附近，與
我守軍，開始戰鬥，既而城西北牧羊場，東北享
堂村、敦化坊，正東剪子灣亦發現敵蹤，旋敵板
垣兵團主力，附坦克車、裝甲車百餘輛，展開於
東、北兩面，向我東、北、西城垣砲轟甚烈。敵
飛機保持九架數量，向城內交織轟炸，片刻不
停，步兵向前緊逼，與我配備城外部隊，激戰終
日。彼時衛總司令命第七十一師及獨立第七、第
八兩旅增守城防，均到汾河西岸彭村，窊流等處
集結，至晚九時，僅獨立第八旅由汾河西岸渡

60 | 閻錫山故居所藏第二戰區史料 **第二戰區抗戰要役紀（上）**
Historical Documents of the Second Theater in the Yan Hsi-shan's Residence
The Main Campaigns of the Second Theater in the Second Sino-Japanese War - Section I

過，一營進入西城，其餘部隊，以受敵攻擊，未
能繼續入城，被壓迫節節南撤。七日晨東路敵川
岸兵團，約一千五百餘進迫城南狄村附近，一部
進抵雙塔寺，與城東之北路敵會合，時城西南之
汾河橋亦被敵佔領。我城郊部隊，經連日激戰，
傷亡殆盡，於是城垣遂整個陷於敵軍包圍之中。

（2）憑城守禦

太原市原有居民十六萬餘，蘆溝橋事變發生後，
當局為防空計，嚴令市民疏散，既而又令非必
要之機關一律退出，迄十一月初合守城部隊，所
餘不過二、三萬人。綏省兩署移往晉南，閻司令
長官於十一月五日移駐交城、汾陽一帶，佈置晉
西南防務。城內守禦事宜，由傅總司令作義負其
全責。城垣被包圍後，敵由東、西兩面，步砲連
合，猛轟猛撲。敵機又不斷在城內轟炸。比七日
晚，我城垣之砲壘隊砲位，多被轟毀。入夜敵砲
擊更烈。加以城內漢奸隱伏，四出活動，電話隨
修隨斷，消息梗阻，形勢極為險惡，傅總司令親
巡各城，一面鼓勵士氣，一面指畫方略，人心始
稍安定。八日晨敵兩路兵團主力，步砲齊集城
下，東、北兩面被攻尤烈。敵機十三架，輪流轟
炸，北城樓被焚，東、北兩城，到處起火。電話
逐段被毀，火燄彌滿全城。九時許東北及西北兩
城角首被轟陷。繼之東、北兩面城垣，又被轟開
破口十餘處。城牆各掩蔽部及彈藥洞多被轟塌。

敵步兵在其機砲掩護下，向城內猛衝。我城垣預伏之砲壘隊，先行潰散，殲敵計畫，概失效用，惟我東、北兩城步隊，仍誓死不退，一面肉搏衝殺，一面封鎖城牆缺口，雙方各爭最後勝利，死亡異常慘重。至午後四時，城牆各口皆被堵封，僅東北城角一處，衝入敵軍千餘與我展開激烈巷戰。當時該敵已被我殲滅大半，而敵機忽在城內大教場降落數次，輸增大量步兵。時值黃昏，莫辨彼此，夾雜混戰，爾突我襲，終因眾寡懸殊，為所壓制。同時西、南兩城之我守軍及預備隊，復先後被敵攻散，此時所殘餘者，實寥寥無幾。不得已，傅總司令乃率殘部由西門突出，夜渡汾河，集結於西山一帶。三晉首邑之太原，遂告淪陷。

（九）太原之空戰

26 年 9 月 23 日

　　七七事變發生後，敵偵察機即不時飛晉綏各地，任意偵察。南口察綏戰役期間，敵機更異常活躍，不僅協助陸軍作戰，且對我後方不設防城市，濫施轟炸。我當局為減少無謂之犧牲，一面積極疏散人口，一面廣掘防空洞，僅作消極之防避。至我空軍，除在京滬參加作戰外，他處尚未之見。華北戰事延入晉北後，我空軍司令周至柔，特派空中偵察司令陳棲霞，率空軍四中隊，共機四十餘架，組織北正面空軍混合支隊，於九月十五日飛抵太原。是日敵機卅餘架，分兩次轟炸太原機場及兵工廠等地，幸我機多停留於汾陽、太谷等處，未受損害。次日，我機即出動至晉北各地偵察敵軍行動，十八日，在大同機場投彈多枚，炸毀敵機十八架。九月廿日，敵機三架飛并市上空偵察，經我機截擊，僅一架逃逸，餘盡被擊落。越二日，敵戰鬥機廿餘架飛抵太原，意在以極大之優勢，毀我僅有之機群，我機五架起而應戰。當在市空上面，展開激烈鬥爭。敵機雖數倍於我，而我機仍能從容應付，不稍畏避，上下飛騰，以寡當眾，一時機聲如長風怒號，槍聲如貫珠落盤，響徹雲霄，煙籠大地，太原市民，咸初嘗立體戰之實況。歷經時許，敵之領機，終被擊落，其隊長三輪植少佐墜地斃命，其餘重傷者不下數架，我機共被毀三架，副隊長陳其光，於萬分危難之際，降落於市內上馬街女校操場，

64

閻錫山故居所藏第二戰區史料 **第二戰區抗戰要役紀（上）**
Historical Documents of the Second Theater in the Yan Hsi-shan's Residence
The Main Campaigns of the Second Theater in the Second Sino-Japanese War - Section I

人雖微傷，而機獲保存，英勇之概，聞者起敬。此後敵
機即不敢輕來太原，即來亦必數十架為群，盲目投彈而
去。我機則不時飛往前線，協助作戰，往往以少拒眾，
完成任務。忻口會戰期間，更不分晝夜，輪流偵炸，尤
能發揮英勇之精神，予敵以莫大之打擊。終因數量過
少，犧牲過重，比太原會戰開始，即飛歸總隊整理矣。

附錄

1. 閻司令長官駐節嶺口督師

　　閻主任自南京返并，就任第二戰區司令長官職後，一面積極部署前方軍事，一面加緊指導後方動員，宵旰勤勞，幾無暇暑。南口、察北戰事初起，所有作戰事宜，則一委之傅總司令（作義）、劉副司令（汝明）及湯軍團長（恩伯）就近指揮，己則坐鎮太原，統籌精計，策畫長期抗戰，對於前方軍事，惟不時電加督飭而已。迨聞張垣吃緊，乃親率僚幕，於八月廿五日移節代縣之太和嶺口，督勵各軍，努力殺敵。並於卅日發表告第二戰區前敵將士書云：「此次戰爭，是國家民族存亡關頭，非勝不可，應將個人生死利害，置之度外，方能致勝，方能救國，這是大家平日所服膺所深知的。錫山責任所在，殺身衛國，早具決心，不能令諸君獨死，此其一。犧牲纔能奮鬥，奮鬥纔有勝利。此次戰爭，係民族革命戰爭，係爭取國家民族之存在，尤非有強度之犧牲不可。錫山定本犧牲之決心，領導大家，一致努力，一致犧牲。希望大家認清此次戰爭之意義，激勵士氣，鼓勇死拼，以期死裡求生。其能奮不顧身，殺敵致果者，定當呈之中央，宣布全國，永註勳典。彼膽小懦怯，畏縮不前者，當必為我將士所不取，實亦國法所不容也！此其二。民眾為國家主人翁，武力與民眾結合者必勝，否則必敗。各將士除提倡士氣，奮勇殺敵外，尤應到處喚起民眾與民眾結合起來。如此我到處都是家人父子，敵到處必然四面楚歌，草木皆兵！此其三。以上

66 | 閻錫山故居所藏第二戰區史料 **第二戰區抗戰要役紀（上）**
Historical Documents of the Second Theater in the Yan Hsi-shan's Residence
The Main Campaigns of the Second Theater in the Second Sino-Japanese War - Section I

三事，誠為救國要務，我全體將士，務須深體此意，自愛愛國。有認識然後有決心，有決心然後有辦法；有辦法然後能成功。認識就是澈底了解，戰敗則為亡國奴，任人宰割，彼時雖欲打敵人一槍一彈而再就死，不可得也。決心就是破釜沉舟，拼個你死我活，一發而不可當。辦法就是時時自己振作，時時振作士氣，有勇知方，虛實互用，以求我最後之勝利。最後之成功，古人云：『哀軍必勝』今日敵人向我全國施行無理之壓迫，豈獨是哀軍，而且是哀民！故最後勝利，必屬於我，願我全體將士共勉之！」

九月二日又電晉綏軍全體將士，發表抗敵公約云：「此次對日作戰，關係國家民族存亡，均應以民族英雄自負，抱定犧牲之決心，沉心靜氣，運用巧妙的戰術與精銳的火器，聚精會神，殺死多數敵人，以保我國家民族之存在。我晉綏軍人本早具決心，本主任決與我十餘萬之官長士兵作共同之犧牲，求最後之勝利。今與我全軍約：有貪生怕死，不能發揮戰術與兵器之效能者，我全軍應共棄之。不盡責任致誤戎機者，我全軍應共除之。如本主任犯此公約，全軍亦應共殺之。此約。」

以上二書，義正辭嚴，全軍聞之，無不感奮。

2. 李軍長服膺之伏法

閻司令長官之馭下也，向以情理兼施為主，躬自厚
而薄責於人。其治軍也，則紀律嚴明，不稍假借。民國
十五年遼縣之役，蔡旅長榮壽，縱兵殃民，閻聞而處以
死刑，晉民至今稱之。抗日軍興，閻負二戰區軍事全
責，深知敵強我弱，非有特殊之精神與軍紀，不足以振
吾氣而挫敵銳。故就任伊始，即對所屬各部曉以大義，
申以約誓，告諭諄諄，惟恐有失。南口張垣戰役期間，
前線將士，類能奮發忠義，効死勿渝，間有一、二庸懦
者，則以非所素轄，未予深究。陸軍六十一軍軍長兼
六十八師師長李服膺，乃閻二十年來所提拔獎掖，推心
置腹者，不料竟有違令敗節之行，使閻不得不繩之以
法。初李於師長任內，駐守天鎮、大同一帶，負督修國
防工事之責，未能如期完成。南口、張垣緊急之際，調
李部赴援，又遲緩誤事。既而敵沿平綏線西犯，命李率
部扼守天鎮，復違命擅自撤退，陷我軍於不利地位。其
他如軍紀之敗壞，行動之失檢，為人所指責者，不一而
足。至此閻乃下令拏李，十月二日，特在太原綏署組織
高等軍法會審處，閻親任審判長，謝濂、李德懋副之，
提李嚴審，勘質二時許，李無以自解。最後閻謂李曰：
「爾無故放棄要地，罪應處死。再者晉綏軍紀律，以爾
之部隊為最壞，足見爾馭下不嚴，以致擾害地方。國防
工事，以爾所擔任者為最迂緩，足見爾監工不力，以致
貽誤戎機。就此兩事，亦應處爾死刑。我將爾自排長提
升至軍長，實望爾為國報效，不想爾壞到如此境地。今

68   閻錫山故居所藏第二戰區史料 **第二戰區抗戰要役紀（上）**
Historical Documents of the Second Theater in the Yan Hsi-shan's Residence
The Main Campaigns of the Second Theater in the Second Sino-Japanese War - Section I

日處辦爾，由我親自審判，但我不能因私害公。爾之家屬，我自為爾照應。」李聞語，頹唐懊喪，猶冀幸免。閻復謂曰：「此乃關係整個國家民族問題」。以示愛莫能救，遂離座。法官宣判云：「李服膺不遵命令，無故放棄應守之原地，致陷軍事上重大損失，處死刑，褫奪公權終身」。士兵數人當即扶李登車，至大教場，執行槍決。自李之死，全軍悚然，莫敢再有違令者。

第二階段

自 27 年 2 月初旬我軍出擊太原起至 27 年 8 月底風陵渡
之再陷止

（一〇）策應津浦作戰分路出擊太原

27 年 2 月初旬

一、太原淪陷後敵我相持勢態

二十六、七兩年之交，我全國整個戰局，因南京被
陷，敵圖和議，各地戰事，皆略停頓。二戰區內，情亦
相同。蓋自經平型、忻口、正太及太原諸會戰後，敵我
傷亡均重，繼續進攻，皆非力所能及，故咸從事於整理
補給，而成暫時相持狀態。當時敵據太原為中心，北沿
同蒲北段及太同公路，遙接綏遠；東以正太鐵路，連絡
平漢，所有各地駐軍，共計不過三兩師團。其所積極進
行者，厥惟培植奸類，成立偽組織，期在政治上，獲得
立足之點。我方則扼守呂梁、太岳諸險，移軍事、政治
主腦於臨汾，一面簡練部卒，一面發展民運，藉作長期
抗戰之準備。至於雙方相持之點，沿同蒲南段者，在祁
縣、平遙間，沿太汾公路者，在交城、文水間，沿白晉
公路者，在子洪口附近。此外西北方面，以朔、寧為分
野，東北方面，以定、襄為限界，上黨方面，以和、遼
為爭點，綏遠方面，以包、五為防線。然此僅就主力部

70　閻錫山故居所藏第二戰區史料 **第二戰區抗戰要役紀（上）**
Historical Documents of the Second Theater in the Yan Hsi-shan's Residence
The Main Campaigns of the Second Theater in the Second Sino-Japanese War - Section I

隊而言，至我之第十八集團軍，與其他游擊部隊，則乘間搗虛，兔起鶻沒，游擊於敵後方者，幾於無日無之。其規模雖小，而所予敵之創痛，亦屬非淺。

二、我軍出擊計畫

二十七年一月初，我全國軍政當局，集會於武漢，決定拒絕和議，繼續抗戰。敵於老羞成怒之餘，乃宣布此後不以我國政府為交涉對手。並增調大軍，沿津浦鐵道兩端，同時猛攻。所有在華敵軍，大部轉移於該線。蔣委員長特於一月末，電令各戰區從速出擊，藉以牽制敵軍。閻司令長官奉令後，即擬定出擊計畫，以規復太原為目的，於二月初旬，督飭各軍，分三路向太原推進，其兵團部署如下：

（1）朱（德）、彭（德懷）總副司令指揮第一二九師、第九四師（附砲廿三團之一連）、第一一五師之徐（海東）旅為右翼軍，即日向平漢、正太兩路進擊，截斷敵之後方主要交通線，相機佔領石莊，並以一部協同中央軍殲滅陽曲東南方面之敵。

（2）衛總司令（立煌）指揮第三軍、第一六九師、第一七軍、第九軍（附砲廿三團第二營（欠一連）及砲廿七團第一營）、第十四軍（附砲廿七團（欠一營））第十五軍、第八五師、第十九軍、第一一五師（欠徐旅）騎兵第一師、重砲兩連為中央軍，先協同右翼軍及左翼軍殲滅太原、祁縣、文水、交城方面之敵，再向太原推進。

（3）傅總司令（作義）指揮第三十五軍（附砲廿五團）、
　　　第七十一師（附砲廿八團第一營）、新編第六旅、
　　　騎兵第一軍（欠第一師），為左翼軍，以一部向
　　　陽曲以北同蒲路線活動，截斷敵之連絡線。以主
　　　力協同中央軍，殲滅陽曲西南方面之敵。
（4）以上各軍統歸衛總司令指揮。第六一軍及六六師
　　　為總預備軍，歸閻司令長官直轄。

三、出擊之頓挫

　　我各路軍團，奉到出擊命令後，除原駐東陽關、子
洪口、平遙、汾陽、吳城鎮等軍，仍須固守陣地外，其
餘大部均於二月十日前後出動，左翼傅（作義）部且到
達交城、靜樂間，中央衛部亦推進至正太線南面，正
擬各路總攻，而敵即先我而發，分道南犯，以致原定攻
擊計畫，無形停頓。當大麥郊戰事緊急之際，傅尚擬以
主力猛撲太原，藉以牽制敵後，終因兵單敵強，未能如
願。出擊之計，至此遂完全停頓矣。

（一一）敵犯晉南戰役

27 年 2 月 13 日至 3 月 10 日

　　廿七年春，敵乘我出擊部隊正在推進之際，突然先發制人，由華北各地增調三、四師團，大舉南犯。正面沿同蒲鐵道南下，為川岸文三郎第廿師團及高橋兵團，暨第一師團、山下兵團各一部。左翼沿太隰公路猛犯，為岡山重彥第一〇九師團及板橋一〇四師團之一部。右翼係由豫北東陽關、天井關，沿臨屯公路、晉翼公路西犯，向我後方迂迴包圍，以下元熊彌一〇八師團為主，而雜以偽蒙軍。我方升任衛立煌為第二戰區副司令長官，指揮所部十四軍及高桂滋、陳鐵等部，以當同蒲線之敵。王靖國、陳長捷、林彪等部堵擊汾隰公路之敵，李家鈺、劉伯承、曾萬鍾等部抵禦東陽關竄入之敵。敵之戰略，正面重牽制，兩翼為主攻。我則以消耗敵力為目的，雖一城一鎮，亦必索取代價。自二月十三日戰鬥發端起至廿七日臨汾放棄止，十餘日間，幾於無日不在激戰中。尤以臨隰公路之川口、石口一線為最劇烈，當時王（靖國）、陳（長捷）兩軍，與敵反覆肉搏，血戰四、五日，雙方死傷，均極慘重。終因器械懸殊，我陣地被敵突破。同時東陽關竄入之敵，迫近洪洞；晉城、垣曲方面，亦警報頻傳。設再黏著於陣地，大有被敵整個包圍之勢。不得已乃避開正面，向兩翼山地轉移，俟敵泥足深入，再圖分途圍殲。敵佔臨汾後，見我河東各地，全無守備，遂長驅南下，於三月六日據風陵渡，旋

74　　閻錫山故居所藏第二戰區史料 **第二戰區抗戰要役紀（上）**
Historical Documents of the Second Theater in the Yan Hsi-shan's Residence
The Main Campaigns of the Second Theater in the Second Sino-Japanese War - Section I

更越中條山侵入平芮。至此三晉全土，幾盡被敵鐵蹄所
蹂躪矣。茲分述作戰經過於下：

一、同蒲沿線各役

（1）平、介、孝三城之失陷

自太原淪陷後，敵據祁縣，我守平遙，雙方
相持於祁、平間之洪善鎮，凡兩月有餘。二
月十三日敵第二十師團之上月旅團，突以步
騎砲二、三千人，附坦克車三、四十輛，向
我平遙縣城猛犯。我守軍高（桂滋）部一
營，鑒於兵力懸殊，略加抵抗，即撤至王和
鎮附近。敵一面南犯介休，一面西趨孝義。
犯介休者於十四日越張蘭鎮，十六日圍攻
縣城。我陳（鐵）師守兵一營，與敵激戰竟
日，以眾寡不敵，撤退靈石北面之義棠鎮。
犯孝義者，經我王（靖國）軍四〇五團邵
營，憑城抵禦，困守一日，最後邵營長受
傷，餘部突圍而出，縣城與介休同時失守。

（2）霍山北麓之阻敵

霍山之主峰曰韓侯嶺，聳峙於靈、霍之間，
當南北來往孔道，衛副長官（立煌）督率高
（桂滋）、陳（鐵）、裴（昌會）、劉（戡）等
部扼守之。介休陷後，同蒲線敵續增近萬，
與汾隰公路之敵相呼應，屢向靈石猛攻。我
軍利用地形，節節抵抗，先後轉戰於靈石北

面之靜昇鎮、兩渡鎮，屢挫敵鋒。旋敵向我左翼迂迴，企圖經雙池出汾西，據霍縣，斷我後路。我軍分頭應付，苦戰四、五日，曾於延安村附近，殲敵數百，嗣迫於整個形勢，不得已以次退出靈石、霍縣。迨隰縣失守，臨屯公路之敵迫近洪洞，同蒲線已失卻堅守之價值，乃轉移於兩側山地。

二、太隰公路各役

（1）文水、汾陽之守禦

當同蒲線敵軍蠢動之際，太汾公路之敵，亦同時出動。首當其衝者為文水縣城。時我守軍僅十九軍之四〇五團一營。十四日早敵三千餘薄城下，次晨以飛機八架，向城內狂炸，我軍沉著抵抗，迄晚官兵傷亡逾半，始撤出城外，十五日，敵繼續西犯，經我傅（存懷）保安司令，派兵一團，馳赴文、汾交界處之孝義鎮與冀村鎮堵擊，未能遏阻。十三日午後，汾陽縣城，即陷於三面包圍之中，我傅部奮勇抵禦，敵未獲逞。十七日拂曉，敵復大舉進攻，並以飛機數架助戰，我軍依城堵擊，凡經半日，忽城垣被敵砲轟開數處，敵乘勢衝入，又經巷戰時許，我始衝出南門向中陽方面轉進。

76　閻錫山故居所藏第二戰區史料 **第二戰區抗戰要役紀（上）**
Historical Documents of the Second Theater in the Yan Hsi-shan's Residence
The Main Campaigns of the Second Theater in the Second Sino-Japanese War - Section I

（2）汾隰公路之激戰

文、孝相繼被陷後，我十九軍主力即由隰縣向北推進，圖扼守兌九峪、大麥郊之險隘，阻敵南下。無如數路之敵，會於一處，勢極兇猛，十七日分二路包圍兌九峪，一路向下堡鎮，一路向下合河，每路各約千餘人，其後援步隊，復陸續增到。我孟（憲吉）師劉旅，被敵優勢砲火壓制，陣地未能堅固，苦戰終日，傷亡逾半，當晚兌九峪即被突破。次日敵步騎砲聯合，附以坦克、飛機，共五、六千人，猛犯大麥郊，我孟師蔡旅，與林（彪）部，協力抵禦，迄未能阻其前進，大麥郊隨亦失守。蔡旅乃轉戰於大麥郊、南廟山一帶山地，牽制一部敵軍。十九日，敵主力迫近水頭、川口之線，王軍長靖國，先一日到達石口，督令各軍，努力反攻，當在水頭正面及左翼安頭村，連續擊潰敵軍兩聯隊，稍挽危局。廿日敵三千餘，砲十餘門，向我右翼支點之川口迂迴猛攻，因守兵單薄，致被襲破。我二〇三旅旅長趙錫章率部馳援，親自衝殺，身受七創，與陣地同歸於盡，同時陣亡參謀一員，傷亡幹部一百廿餘名，敵遂乘機直迫石口右側背。廿一日以後，我六十一軍陳長捷部趕至，當敵正面，王軍餘部，轉移於公路以西，與林部共襲敵後。陳軍紀律嚴明，士卒用命，曾在石口、

隰縣間之神山峪、上下李村、上下均莊等處劇戰數晝夜，屢創頑敵。王軍亦曾一度襲佔石口、川口與陳軍共對敵完成包圍形勢。終因敵械犀利，未能達到聚殲目的。廿五日敵一股突由上下太平方面衝入，杜（春沂）師截擊無功，隰城遂至被陷。是役也，因兌九峪、大麥郊之疏於守禦，以致石、隰之間，未能建立堅固陣地，再傅（作義）、郭（宗汾）兩部遠在交、靜一帶，格於形勢，還擊不及，終至被敵各個擊破。然王、陳兩軍，旬日血戰，傷亡旅、團長以下官兵萬人，斃敵亦達數千，於敵南犯諸役中，堪稱最烈者。

（3）中離之被侵入

汾陽陷後，敵主力沿汾隰公路南下，一部沿汾離公路西犯。沿汾離公路西犯者，約二千人，復分二支：一經三泉鎮、三角莊趨中陽，一經向陽、吳城趨離石。我傅存懷所率之保安隊，訓練未久，戰鬥力本弱，更經汾陽守城之損失，愈形疲憊，故只能乘間襲擊，絕無堵擊之力。敵遂於二月廿三日侵入離石，廿四日侵入中陽。廿五日離石敵更西竄抵柳林，廿六日分據軍渡、磧口，向河西砲擊，經我還擊，未能立足，旋仍返回柳林。

78　閻錫山故居所藏第二戰區史料 **第二戰區抗戰要役紀（上）**
Historical Documents of the Second Theater in the Yan Hsi-shan's Residence
The Main Campaigns of the Second Theater in the Second Sino-Japanese War - Section I

三、晉東南各役

（1）東陽關之被突破

東陽關位於黎城之東，形勢險峻，箝轂晉豫，與娘子關並稱大行要道。豫北淪陷，我李家鈺軍來此駐守。二月十五日，敵下元熊彌一〇八師團之一部二千餘陷涉縣，續向西犯。十六日越饗堂鋪，分軍為二，一支繞攻東陽關南弓頂山，大部由我左翼秋樹園、龍王廟一帶向黎城以東之停河館進擊，我軍分頭應戰，支持至十七日早，東陽關即被突破，同日午後，黎城亦失守，我軍紛退濁漳河南。

（2）長治之守禦

東陽關倏爾失守，使敵迂迴戰略，初步成功，關係晉南戰局甚大。閻司令長官嚴令李軍長竭力堵擊，並相機規復該關。十八日，李軍長親自督師與敵激戰於濁漳河沿岸，同時孫殿英部，猛襲敵後，一度克復東陽關，惜未能確實把握，斷敵來源。十九日長治告急，我李軍熊團在徐旅長指揮下，據城力守，繼以巷戰，激戰至次日午後，斃敵纍纍，我亦傷亡殆盡，徐旅長壯烈殉職，當晚縣城被陷。敵入城後，大施殘殺，我民眾死者，達千餘人。

（3）臨屯公路之戰

　　長治陷後，敵即積極西犯，一路攻略長子，一路入據屯留，由屯留經安澤、洪洞，有公路達臨汾，對我後方威脅甚鉅，閻司令長官，特令朱（德）總司令指揮劉伯承、賀龍兩師，曾萬鍾軍，殲滅該敵。朱一面令劉、賀兩部尾攻敵後，一面令曾軍截擊敵側。意在先挫其西犯之勢，再作圍殲之計。廿三日曾軍反攻屯留未下，次日安澤東四十餘里之府城鎮，發現敵蹤。朱總司令親率特務營兩連，會同決死六縱隊陳純漢部，猛烈截擊，雖予敵相當打擊，而未能阻其前進。廿四日，敵迫近古羅堯店，我決死三縱隊第九總隊與四〇二團之一部由臨汾馳往搶堵，混戰一晝夜，古羅卒不守。繼之洪洞南之曲亭亦被敵侵入，臨汾遂三面被敵包圍矣。

四、放棄臨汾改變戰略

　　當汾隰公路之敵侵入隰縣，臨屯公路之敵迫近洪洞，同蒲沿線之敵衝過霍山後，閻司令長官為避免包圍，爭取主動，以便牽制大批敵軍，支持長期抗戰計，遂決定變更戰略，利用山西之特殊地形，以民革戰法，圍殲敵軍。時臨汾已陷於三面被圍之狀，無雄厚之兵力，可資保衛，乃預將所有軍資，移於吉、鄉一帶，並曉諭民眾，實行空室清野，使敵至無所獲益。廿六日閻司令長官離臨汾，轉往蒲縣督師，各機關亦追隨西移。

80 | 閻錫山故居所藏第二戰區史料 **第二戰區抗戰要役紀（上）**
Historical Documents of the Second Theater in the Yan Hsi-shan's Residence
The Main Campaigns of the Second Theater in the Second Sino-Japanese War - Section I

至於前方作戰步隊，則令於消耗敵後，向兩側山地轉
進。廿七日敵數路會佔臨汾，閻司令長官旋由蒲縣經大
寧至吉縣，建立第二戰區之中心游擊區。

五、敵軍之分路竄擾

　　臨汾以南，地多平坦，我大軍轉入山地後，此廣大
之地區，幾無守禦可言，敵因得縱橫馳騁，任意竄擾。
三月一日敵南竄至侯馬、曲沃，一支由侯馬西出，於二
日佔新絳，四日據稷山，五日達河津及東禹廟，沿途
曾遭我劉（茂恩）、高（增級）、馮（欽哉）等部之阻
擊，頗有損傷。一支沿同蒲鐵道南下，於四日據安邑、
運城，六日進抵永濟之風陵渡。曾試探渡河，被我潼關
守軍擊退。當敵到安邑時，適我宋（哲元）部補充旅，
由垣曲退城內，曾與敵激戰數小時，永濟附近，我自衛
隊及警察，亦曾一度向敵襲擊，餘則無甚接觸。此外豫
北博愛敵五、六千於臨汾退卻之際，經天井關，侵入晉
城，得沿沁翼公路西犯，於三月三日達翼城，旋即與同
蒲線敵會於曲、侯。此後晉南之敵，遂以臨汾、曲、
侯、運城為中心，四出擾竄，蒲、解、絳所屬各縣，幾
盡被蹂躪，惟其兵力有限，不敷分配，未能盡置守兵，
我之游擊部隊，乘其不備，每予襲擊，故敵僅能扼守少
數據點，至行政上，仍然歸我控置。

展開游擊戰後各路之創敵

27 年 3 月初至 4 月中旬

　　臨汾放棄之前夕，閻司令長官曾電前方各將領云：
「我軍為確保山西，以達持久抗戰之目的，擬暫避免正
面決戰，以主力轉移於安澤以東山岳地區，側擊西侵之
敵。一部佔據各交通線附近山地，相機殲滅各路深入
之敵。」是為二戰區整個採取游擊戰之始。既而蔣委員
長復電閻司令長官，謂二戰區內各步隊，應即在本戰區
內游擊，雖一兵一卒不許渡河，違者軍法從事。是中央
亦以二戰區內採取游擊戰為宜。蓋山西地形，夙以表裡
河山著，敵之機械化步隊，既不易行動，而峻嶺深谷，
處處可資據守。加以民情質樸，敦尚忠義，一言救國，
無不雲合景從，樂聽驅遣，此更為游擊戰上之唯一有利
條件。閻司令長官移節吉縣後，首先建立二戰區之中心
游擊區，自黃河以東，大寧、午城通臨汾汽路以南，同
蒲鐵路以西，侯（馬）河（津）汽路以北，以吉縣、鄉
寧為核心。加緊防禦工事，配備相當軍隊，準備敵來，
予以嚴重之打擊。旋又制定游擊戰之作戰方略，通令各
軍，切實遵行。至三月九日，更將各部隊之游擊區域，
確實規定，令各負責襲擊。其配置如次：

（1）離石之敵，由傅總司令及郭宗汾兩部（附王子修
　　　旅）並配合梁浩旅（欠武團）合力消滅之。

（2）岢嵐、河西方面之敵，由騎兵趙司令指揮何柱
　　　國、賀龍等部，配合該地區游擊隊及續範亭等部

82　閻錫山故居所藏第二戰區史料 **第二戰區抗戰要役紀（上）**
Historical Documents of the Second Theater in the Yan Hsi-shan's Residence
The Main Campaigns of the Second Theater in the Second Sino-Japanese War - Section I

肅清之。

（3）中陽之敵由王靖國部配合傅存懷部及郭挺一部自
　　衛隊肅清之。

（4）蒲縣之敵，由陳長捷主力消滅之。

（5）河津、稷山、新絳之敵，由劉茂恩及陳鐵部負責
　　肅清之。

（6）關於鄉寧東南地區之警備，由陳長捷之一部與彭
　　毓斌教導師之全部負責擔任之。

（7）正太路（含）以南，同蒲路（含）以東地區之
　　敵，由朱、彭總副司令，指揮李默菴、曾萬鍾、
　　李家鈺、郭寄嶠（欠五四師）、高桂滋、朱懷
　　冰、武士敏、張蔭梧、趙壽山、楊覺天等部，配
　　合該區陳光斗、魯英麐、田樹海等部游擊隊分別
　　肅清之。

（8）孔繁瀛、鄒彥標、高增級等部在船篙附近，對禹
　　門口、河津之敵警戒。

（9）金憲章部配合郭如嵩之游擊隊，負責截斷同蒲路
　　北段之交通並牽制敵之南下。

（10）崔道修與張文昂兩部負責破壞洪、趙等處同蒲
　　線上之交通，並不時襲擊敵人。

　　旋為便利指揮，劃分全戰區為東、西、南、北四
路，各設總司令，分統各軍。並任命衛立煌為南路軍總
司令，朱德、彭德懷為東路軍總副司令，楊愛源、孫楚
為西路軍總副司令，傅作義為北路軍總司令。邇後各軍
依照前旨，分路游擊。三、四兩月之交，山西全境，幾
乎無日不在戰鬥中。有時敵聚我散，有時敵散我聚。或

乘其進攻，誘之深入，然後多面包圍，分段截擊，以達
聚殲之目的，如晉西北及吉鄉等役是。或伏處大道兩
側，預設陣地，俟敵大隊通過，突起襲擊，如晉東南及
毛咀山等役是。或伺敵城防空虛，兵力單薄，以迅雷之
勢，前往襲擊，藉以爭取軍事上之重要據點，如方離之
役是。至於破壞敵後交通，截斷敵方輜重，或乘烈風陰
雨，或於深夜拂曉，大者數百結隊，小者數十成群，往
往出敵不意，獲得圓滿戰果者，不勝枚舉。總計月餘之
內，斃傷敵軍五、六千人，使我軍於晉南淪陷後，依然
保持堅固基礎，獲得主動地位，為五、六月間全面反攻
之張本。茲分述各主要戰役於後。

（一二）晉西北區戰役（一）

27 年 2 月 22 日至 4 月 1 日

一、太原陷後晉西北區之情勢

　　太原陷後，整個晉省戰局，暫入於相持狀態。西北一隅，雖敵故作聲勢，時張時弛，而迄無若何劇變。內長城及同蒲路為兩軍對峙之線。朔縣、忻、崞，及綏遠之清水河，係敵攻略西北之據點。神、寧、偏、河及太原之西山為我防禦之要地。敵以後宮師團守據雁北，忽增忽減，來去靡定，我以趙（承綬）、何（柱國）、賀（龍）等部為主力，駐守西北。並積極發動民眾，一致抗戰。兩月以來，固不乏小部接觸，至主力戰則未之有。

二、敵軍之進犯

　　廿七年二月下旬，晉南戰事緊急之際，駐雁北之後宮師團，亦向我西北區進犯。其目的在「迫華軍西渡，佔領晉西北各縣，消滅普遍於晉西北正在發展中之反日游擊戰爭」。當時我兵單防長，且一部移往忻、崞，擔任同蒲北段之交通破壞，後防愈感空虛。敵因得乘間深入。二月廿二日起，朔縣敵向寧武，利民堡敵向神池，同時進犯，我兵力單薄，未能堅守，兩城旋被陷。廿五日神池敵續犯五寨，我楊集賢部阻之於義井，相持兩晝夜，敵援軍千餘增到，一部於廿八日陷五寨，一部經三岔西犯於同日陷保德，次日更渡河侵入陝境之府谷。另

86　閻錫山故居所藏第二戰區史料 **第二戰區抗戰要役紀（上）**
Historical Documents of the Second Theater in the Yan Hsi-shan's Residence
The Main Campaigns of the Second Theater in the Second Sino-Japanese War - Section I

一支由三岔北犯，於五月一日迫近河曲，與我何柱國軍激戰兩日，縣城終以不守，旋與清水河南下敵共陷偏關。侵入五寨之敵，繼犯岢嵐，我調白（儒清）師由樓煩馳援，未至，兩縣城即於三月三日失守。此後敵之兵力，日益分散，其後方且常被截斷，敵雖據六、七縣城，而勢已成弩末，正予我以困殲之機。

三、被陷各縣之收復

敵軍此次深入西北，到處竄擾，一若我軍之無能為力者。實則我為爭取主動，圍殲敵軍，故不為一點一線之固守，時誘之於有利地帶，以便發展機動之戰術也。三月五日，我高雙成軍首由陝東渡克復保德，十日賀（龍）部三五九旅，續克岢嵐，敵之窘態已現。旋我軍新加部署，以郭（宗汾）之七一師集結於岢嵐、靜樂，阻敵南下；騎一師至岢嵐、五寨，對敵監視，騎二師在寧武、神池山地，向敵襲擾，賀（龍）師及續范亭之游擊隊，集結於嵐、岢、神、五間，積極進攻。至於河曲、偏關，則由何（柱國）軍，始終負責。所有西北一帶之駐軍，咸歸趙承綬指揮，俾收協力統一之效。自此我之軍容大振，敵乃日就衰頹。十一日我賀（龍）師進攻五寨，斬獲甚多。十二日敵調集步騎千餘，飛機四架，猛攻我分水嶺趙（承綬）軍陣地，經我軍奮勇抵抗，頗予重創，雖東寨一時失守，然亦無關大體，既而敵又狼奔豕突企圖兔脫。經我騎二、三、四團在板井、鳳凰山、義井、橫山村、虎北村等處，不斷襲擊，先後斃敵四、五百人。十七日，三岔、義井之敵向南活動，

被我賀師擊潰，斃傷二百餘。十九日，我賀（龍）師克
復五寨，廿三日續克神池，殘敵向大水口及朔縣潰退，
我焚毀敵汽車數輛，並獲軍用品甚多，保德附近之敵於
十七日再度衝入城內，因受我軍壓迫，未能立足，廿日
舉火焚城，殘殺百姓百餘而退。河曲、偏關之敵，與我
何（柱國）軍在黃河兩岸，激戰旬餘，不支而退。十九
日河曲克復。廿四日偏關克復。於是各路之敵咸退集於
寧武，妄思固守。我乃一面對城內之敵，加緊圍攻；一
面配置重兵於寧武、陽方口間之大道兩側，阻其援軍，
四月一日敵乘夜突圍東竄，經我伏軍截擊，殲滅數百。
竄入西北之敵軍，於是大部肅清。

（一三）方離戰役

27 年 2 月 20 日至 3 月 20 日

　　二月初傅總司令作義正督率所部卅五軍及郭宗汾師由交、靜出擊太原之際，敵忽大舉南犯，連陷文水、汾陽等縣。閻司令長官電傅回師南向，攻敵背以解救隰縣之危。傅令所部王子修旅向文水，董其武師向交城，分襲敵後。王、董兩部與敵激戰四、五日，斃傷敵九百餘，毀敵汽車八十餘輛。牽制敵軍四、五千人於此，迨汾離公路之敵，竄至柳林、磧口，傅軍亦轉移於方、離一帶。三月初，柳林敵圖北犯興、嵐，被我傅軍隨擊於大武、峪口，雙方屢進屢退，劇戰旬餘，大武終為我克復。既而圍攻離石，爭奪城郊山頭，再予敵以重創，從此汾離公路之敵，氣燄頓斂，不似以前之張狂矣。

一、大武之攻奪

　　大武鎮位於方山、離石之間，西北界臨縣，為通興、嵐要道。三月初，離石、柳林之敵企圖北上與神、寧南下之敵相會，首據大武鎮。時我傅部已達到方山之峪口橫扼大武以北。雙方初在紅羅溝附近激戰，敵曾增援二千餘反攻，均被擊退。四日晚我軍一度衝入大武，斃敵四百餘，毀敵汽車四十輛。八日晚我董（其武）師，再襲大武，復衝入堡內，斃敵數百。次晨敵增援反攻，被我軍奮勇擊退。相持至十四日，我軍重加部署，以英邁之姿態，對大武實行猛攻。時離石、大武、盛地

90

闔錫山故居所藏第二戰區史料 **第二戰區抗戰要役紀（上）**
Historical Documents of the Second Theater in the Yan Hsi-shan's Residence
The Main Campaigns of the Second Theater in the Second Sino-Japanese War - Section I

等處，共駐敵三千餘人。我先以孫旅繞至東山，以一部
伏擊由吳城方面增援之敵；董師主力，直向大武、盛地
進攻，十四日晚，開始激戰，敵雖以盛密之砲火，據堡
頑抗，但我軍勇氣百倍，不為所制，十五日午大武卒告
克復，殘敵退盛地與離石敵相依輔，又經我軍襲擊，蜷
伏不敢輕動。

二、離石城郊之劇戰

我軍於克復大武後，即包圍離石縣，十五日夜乘勢
攻入城內，正在集中兵力與敵巷戰，適敵汽車二百餘
輛，載步砲增援，分由南北兩山，向西猛進。十六日子
夜達到龍鳳兩山與我守軍激戰，我急抽城內之兵，分增
兩山反擊，血戰半夜，次晨敵砲火更猛，兩山之敵約有
兩千，敵機三架，連續轟炸，直至午後，我以各部皆係
輕裝，給養用盡，遂於當夜移至山內，利用優越地形，
誘殲敵軍，是役斃敵在千二百以上，我亦傷亡逾千。

（一四）晉東南戰役

27 年 3 月初旬至 4 月初旬

一、敵我勢態

截至廿七年二月底，由豫北竄入晉東南之敵，共約萬餘。一路六、七千，盤據於黎潞及臨屯公路沿線間，旁及沁源、襄垣等縣城。一路五、六千據晉城、高平、陽城，西經沁水、翼城以達曲沃、侯馬，與同蒲沿線敵相連。至於和順、遼縣一帶之敵，兵力較單，被我游擊隊阻擊，猶未能與澤潞敵取得連繫。時我軍之在晉東南者，晉城附近為由第一戰區退來之萬福麟部，高平附近，為趙壽山之十七師與楊覺天之五二九旅。屯留附近為曾萬鍾之第三軍，黎潞間為第十八集團軍之劉伯承師，此外李默菴之十四軍，大部駐屯於安澤東北之山地，裴昌會師進出於臨屯公路兩側，李家鈺之四十七軍，分佈於沁翼公路南北。以我兵額，與敵相較，似敵微而我眾。以言實質，則我久戰，疲敝之餘，加以器械之參差，攻堅當銳，固有未造，而因利乘便，亦不難予以鉅創。

二、破敵主力

敵我在晉東南地區內，既成混雜交錯狀態，復以山嶽綿亙，伏藏容易，故我方絕不堅持固定之陣線，惟利用天然地形，以輕快之步隊，或突擊敵側，或猛襲敵後。或伺其兵單，而加以圍攻；或乘其立足未定，而予

92 閻錫山故居所藏第二戰區史料 **第二戰區抗戰要役紀（上）**
Historical Documents of the Second Theater in the Yan Hsi-shan's Residence
The Main Campaigns of the Second Theater in the Second Sino-Japanese War - Section I

以狙擊，敵為維持其交通路線，不得不分兵扼守，或添
派援軍，因之調動頻繁，疲於奔命，總計三月一月之
內，其主力遭我擊潰者，不下四、五次，茲分述於次：

（1）府城之役

三月六日，臨汾敵酒井部隊千餘，東竄至安澤之
府城鎮，經我李（默菴）軍及裴（昌會）師截
擊，激戰終日，殲滅逾半，俘獲步槍十數枝，山
砲一門，騾馬車輛及軍用品甚多，殘部與張店敵
相會，竄往長治。

（2）鮑店之役

二月十一日我曾軍及第十八集團軍在長子北之鮑
店鎮，與敵激戰終日，斃敵千餘，乘勝克復長子
縣城。

（3）黎潞之役

敵十六師之中島一部於三月中旬，由長治、潞
城、陟縣三次向黎城一帶增援，經我劉伯承師猛
烈襲擊，激戰十餘日，共計在黎潞間之神頭鎮等
處殲敵千餘，獲步槍三百餘枝，戰馬三百餘匹，
燬汽車六輛，俘敵廿餘名。

（4）東塢嶺之役

三月廿四日敵一縱隊由翼城之隆化鎮沿公路東
進，至東塢嶺附近，被我劉（戡）師及陳（光

斗）旅各一部截擊，斃敵甚多。

（5）東陽關附近之役

三月下旬，黎、潞一帶敵數千，經東陽關竄豫北，我劉（伯承）師，設伏於黎城、東陽關間，猛烈襲擊，截至卅一日，燬敵汽車百餘輛，獲步槍三百餘枝，機槍十餘挺，砲四門，斃敵森本少佐以下四百餘人。

三、收復失縣

自敵由東陽關、天井關先後竄入潞澤後，附近各縣，淪失殆半。但敵兵力有限，往往一城之內，僅餘少數步隊據守，故我得乘機收復各縣城。初我軍為斷絕臨屯公路之交通，三月初，首由曾（萬鍾）軍圍攻屯留，時敵城內守兵約五、六百人，防禦工事堅固，致未得手。三月中旬，敵主力遭受鉅創之後，調遣紛繁，我趙（壽山）師乘機收復陽城，曾軍乘機收復長子，劉（伯承）師乘機收復黎城，惟皆未能確實佔領。但每經一次爭奪，必予敵相當損失。三月十九日，我八十三師配合決死隊張茹部攻克池水，斃敵五百餘，生俘五名，獲砲五門，槍七十餘枝，一時沁翼公路之交通為之隔絕。四月初，彭（杰如）師再度收復長治，趙（壽山）師收復高平，敵雖東抽西調，藉圖維持而捉襟見肘之情已昭然矣。

（一五）吉縣戰役

27 年 3 月 16 日至 4 月 16 日

一、吉縣之形勢

　　二十七年二月中旬，敵向晉增兵四師團，以瘋狂之勢，大舉南犯，企圖殲我主力，西向渡河。不料我軍於各路消耗敵力後，即化整為零，改變戰略，利用山嶽地區，發展游擊戰術。每能以少勝多，以奇殲眾。敵於無計可施中，乃思粉碎我軍政首腦部位，造成群龍無首之局，然後各個擊破，以達其肅清我軍之目的。吉縣位於晉之西南，當呂梁山脈之尾閭，自昔以窮山僻壤目之，然在軍事上則依山帶河，險阻天成，且毗連陝境，補給容易，乃一絕好之游擊根據地。臨汾陷後，閻司令長官率晉綏軍政人員，移駐於此，所有軍實物資亦多運藏於附近各地，蓋將以整部曲，激士氣，圖恢復也。乃到吉未久即為敵所偵知，而向之進攻，因有吉縣之役。

二、敵八路向吉圍攻

　　初敵於佔領隰、蒲後，即轉鋒南向，其主力沿同蒲線竄至風陵渡，一支由侯馬西趨河津，據東禹門，欲更沿河岸北上，被我劉（茂恩）、馮（欽哉）等部阻擊，不克前進，既而聞我軍政機關，多移吉、鄉，遂啟覬覦之念。三月初，敵向蒲縣、黑龍關，及河津、稷山等處，各增兵數千，並派飛機多架，沿河偵炸。十三日，蒲縣敵六百餘，侵入午城鎮，臨汾敵數百亦越黑龍關進

96
閻錫山故居所藏第二戰區史料 **第二戰區抗戰要役紀（上）**
Historical Documents of the Second Theater in the Yan Hsi-shan's Residence
The Main Campaigns of the Second Theater in the Second Sino-Japanese War - Section I

至化樂鎮附近。十五日東、南、北三面之敵，同時蠢動，分八路向吉縣、鄉寧進犯。其主力係以第廿師團為基幹，附偽蒙軍一部，共計萬餘人。

三、我軍之分路堵擊

閻司令長官駐吉後，即積極整理部隊，分配各軍防區，並規定以吉、鄉為二戰區之中心游擊區。任命彭毓斌為鄉寧警備司令，置陳長捷、王靖國、杜春沂等部於隰、蒲、大與吉縣之間，以鞏固中心區之防務。維時陳、王等部均係久戰疲敝之師，補充未齊，實質差池，以言據地固守，則勢所難能。然我諸將並不因此氣餒，反各督率所部，向敵截擊。三月十六日北路敵陷大寧，繼犯大小回宮，東路敵近迫五龍宮，南路敵亦通過險要，佔領茶卜溝、登山圪垛等處，我軍分頭迎擊，尤以北路戰況為烈，十八、十九兩日，我陳部段樹華師在窰頭以北，斃敵三百餘。杜（春沂）師在人祖山一帶，斃傷敵五百餘。同時陳部于（鎮河）旅在稷山之和尚原，亦斃傷敵數百。惟敵後援步隊不斷增來，其空軍及機械化步隊，復猛力威脅，我軍雖竭力抵禦，仍難遏其兇燄。閻司令長官於情況緊急之際，原擬偕衛（立煌）副司令長官督率衛兵，向東突出，忽吉縣東北七十里之南曜失守，東出之路被阻，不得已乃將陳部段師伏吉、大之間，呂師伏吉、鄉之間，令楊（愛源）、孫（楚）總副司令北上督戰，己則與衛副長官由小船篙西渡，駐陝西宜川縣桑柏鎮，指揮各軍，以游擊戰，困斃深入之敵。

四、吉縣之收復

　　閻司令長官渡河後，除飭預伏吉、鄉一帶之段、呂、彭等師努力襲擊外，並令王靖國率十九軍向大寧進出，杜春沂率六十六師向永和關進出，各以機動之姿態，襲擾敵後。三月十九日北路敵千餘侵入吉縣，越二日陷鄉寧。廿一日南路敵沿黃河東岸進至師家灘，復繼續北犯，企圖與北路敵會合，經我彭（毓斌）師襲擊，仍退回師家灘。邇後敵據吉縣、鄉寧，四出竄擾，殘殺百姓，擄掠財貨，鐵蹄所過，糜爛一空，我步隊即於此時，連絡民眾，共同殺敵，神出鬼沒，所獲良多。三月廿八日，王（靖國）軍陳團，首克午城，次日續克大寧，吉、鄉之敵，至此勢愈窮蹙。四月初黿集隰縣之敵數千，忽傾巢南犯，四日侵入永和，更圖南犯大寧，經我軍痛擊於毛咀山，狼狽潰退。風聲所播，敵膽為寒，吉、鄉殘敵整個動搖。我陳軍遂積極向吉縣反攻，經五、六、七等日之繼續搏鬥，敵損失甚重，於八日早，縱火棄城而退。吉縣克復後，我呂師續向鄉寧進攻，平原村一役，曾殲敵騎兵百餘。十一日圍攻縣城，高旅向敵西側繞擊，于旅向城內衝撲，激戰終日，敵一度退出城外，旋又增援反攻，我軍稍挫，雙方在城郊相持三日，十五日敵不支潰退，十六日我軍收復縣城。敵大部退集蒲縣附近，南路之敵繼退河津、新絳、稷山等縣。閻司令長官於十五日渡河返晉，駐吉縣古賢村，軍心為之一振。

（一六）毛咀山之殲敵

27 年 4 月 5 日至 7 日

　　毛咀山在永和縣東南桑壁鎮附近。廿七年四月初，敵第二十師團鈴木支隊約三千五、六百人，山砲十四、五門，由隰縣分擾石樓、永和。我王（靖國）軍本空室清野之計，放棄兩縣城，伏六十八師於石永公路兩側，節節襲擊，連戰三日，斃傷敵軍三、四百，鹵獲馱騾、給養、槍支、彈藥甚多。敵經此重創，圖南經大寧竄蒲縣，我軍忽撤集於桑壁鎮及其迤南地區，並以不足五營之兵力，隱密靜伏於鎮北毛咀山隘道兩旁。四月五日晨，敵竄至毛咀山，經我史團奇襲，斃傷百餘，相持終日，敵復分兵進迫。我以桑壁鎮東南通午城，南通大寧，為誘敵深入計，當晚將通午城大道開放，在其兩側層層設伏，配置砲兵於有利山頭，俟敵通過，聚而殲之。六日晨，敵果分兩路進攻，我軍故示之弱，初頗沉寂，既而敵大部通過，我居高臨下，槍砲齊發，一時火網交織，山鳴谷應。敵限於地勢，未能展開，各自鼠竄而逃，結果被擊斃者達五百餘人，所遺輜重，不可數計，至我方傷亡，不過數十，此為游擊中之最堪稱道者。

（一七）中條山戰役（一）

27 年 3 月至 4 月

中條山斜走於黃河、汾水間，西止河濱，遙對華岳，東連王屋、析城，遠接太岳、太行，與黃河共為豫西隴海鐵道之天然屏障。垣曲、平陸、芮城在其陽，夏縣、安邑、解縣、虞鄉居其陰，永濟縣則被橫斷為二。沿山要道，其著者凡三：一由運城、安邑經張店達平陸之茅津渡；一由夏縣通垣曲；一由解縣越廿里嶺經陌南達芮城。其他較小之隘道可通人馬者尚多。廿七年三月中旬，敵軍千餘由解縣越嶺，犯平芮，時我山內伏兵甚少，未加抵抗，敵得從容通過。惟茅津渡已被我第一戰區退來之宋哲元部先所佔據，與垣曲方面宋部主力互相連擊，敵屢行攻擊，皆被擊退。三月下旬，我七區專署所率之游擊隊與山南北各縣自衛隊，均積極活動，專以破壞交通，襲敵輜重為務。旋潼關樊（崧甫）軍、豫西郜軍各抽派一部，潛渡河北，向山南各地游擊，於是中條山我軍，聲威大振，敵退保平芮縣城，及解、芮間之交通據點，與我相持。三月廿七日垣曲敵不堪我軍襲擾，向豫北濟源潰退，中條東端，首告肅清。四月十二日安、運敵五百餘向茅津進犯，企圖斷我補給路線，經平陸游擊隊，協同廿九軍王長海部猛烈逆襲，敵傷亡百餘，十三日潰退王峪口，又遭我運解警隊伏擊，倉皇逃遁，遺屍甚多。永濟、虞鄉方面，於四月初迭經我渡河之游擊部隊，出擊襲擾，敵不敢深入山內，戰況稍為沉

102

閻錫山故居所藏第二戰區史料 **第二戰區抗戰要役紀（上）**
Historical Documents of the Second Theater in the Yan Hsi-shan's Residence
The Main Campaigns of the Second Theater in the Second Sino-Japanese War - Section I

寂。五月以後，為我反攻三角地帶時期，中條山全部一
時盡歸我控制。當於另章述之。

策應魯南會戰全面反攻各役

27 年 4 月至 6 月

自我實行分區游擊，於三、四兩月中歷經吉鄉、方
離，及晉西北、晉東南各役，先後予敵重創，奠定晉省
戰局，使敵肅清我軍，企圖西渡之迷夢，整個為之粉
碎。四月中旬以後，魯南會戰劇烈，敵為挽救彼方危
局，陸續由晉綏兩省，抽兵赴援，我乃乘機反攻，藉資
牽制，並圖收復失地。當時敵軍之留駐晉境者，約五個
師團。川岸第二十師團一部分佈於河東一帶，一部分佈
於子洪口附近。山岡第一○九師團分佈於靈石以北，雁
門關南，及中離一帶。下元第一○八師團分佈於晉東南
地區，後宮第廿六師團分佈於雁北迄綏遠一帶。道清至
垣曲，為十四師團之一部。正太路沿線為守備旅。此外
偽蒙軍約十餘師，多在綏遠境內。我軍部署，時有變
動，大體言之，四月中，朱懷冰、武士敏師在平遙、祁
縣一帶，控制子洪口。曾萬鍾軍、劉伯承師在長治、屯
留、黎城一帶，阻絕東陽關與長治間之交通。趙壽山
師、楊覺天旅在高平、沁水一帶，堵擊晉城敵之北犯。
王靖國軍、郭宗汾、傅存懷師向中離圍攻。陳鐵師進出
靈石、霍縣間，阻敵南援。劉茂恩、陳長捷，會殲蒲
縣、鄉寧之敵。孔繁瀛師附四二師王旅殲滅河津、禹門
之敵。劉戡、裴昌會師及高桂滋軍一部向沁源一帶圍
攻。李家鈺軍分控絳縣、翼城，牽制侯馬南北之敵。彭
杰如師控置陽城南北。宋哲元之廿九軍一部佔據垣曲、

104 | 閻錫山故居所藏第二戰區史料 **第二戰區抗戰要役紀(上)**
Historical Documents of the Second Theater in the Yan Hsi-shan's Residence
The Main Campaigns of the Second Theater in the Second Sino-Japanese War - Section I

茅津附近。趙承綬、何柱國之騎兵軍與賀龍師,擔任晉西北及同蒲北段之游擊。金憲章師及聶榮臻部控置於五台、定襄一帶。傅作義於方離戰後,率劉奉濱、董其武兩師並指揮何柱國、馬占山、門炳岳等部北向圖綏。其餘各地之保安游擊隊及決死隊,則分佈於交通沿線,實行破壞與襲擊工作。五月中,晉東南已告肅清,原在彼方之我軍,除朱懷冰師奉命調往魯北,高桂滋軍擔任靈石南北之交通破壞外,其餘各部幾盡移攻晉南。同時李興中之一七七師亦由陝東渡,分向蒲屬各縣進攻。劉茂恩、陳長捷等部於克復蒲縣後,分向新絳、臨汾進攻。至晉西北、東北及中離一帶仍如舊。自四月十日敵九路會犯遼、沁,至五月一日收復晉城止,是為肅清晉東南之役。繼之則為中離之圍攻,綏遠之出擊,蒲縣之收復。迨至五月初,我集中主力於晉南,向中條山南北,及同蒲沿線之敵猛攻,劇戰月餘,因是役主要目的在恢復晉西南三角地帶,故統名曰規復三角地帶戰役。至同期內,因破壞敵後交通,或襲敵輜重給養,所發生之一切小接觸,為時雖暫,而戰果特著,且不屬於以上各役者,則另列表附後,名曰敵後之游擊與破壞。總計此次反攻,歷時兩月有餘,斃敵兩萬餘人,不僅達到牽制敵軍之目的,且收復失縣三十餘處,使我全國軍民對於抗戰勝利之信念,不因放棄徐州而動搖,其關係誠非淺鮮。茲分述各役於後。

（一八）肅清晉東南戰役

27 年 4 月 10 日至 5 月 1 日

自三月初旬至四月初旬，我軍在潞澤一帶，連挫敵燄，並收復長子、沁水等縣城，控制東陽關之交通，晉東南之殘敵已陷窘境。嗣我軍更作嚴密之部署：以朱懷冰、武士敏兩師配置於祁、太以南地區，高桂滋師配置於沁源、平遙一帶。曾萬鍾軍、劉伯承師配置於長治、屯留、東陽關一帶，趙壽山師、楊覺天旅，配置高平以南。裴昌會師控制於沁源附近，彭杰如主力控制於陽城附近，統由東路軍總司令朱德負責指揮，各向當面之敵，逐漸迫壓，時敵已知身陷重圍，妄作困戰之鬥，於四月十日以榆社、遼縣、武鄉為目標，分九路大舉進犯，經我軍分別迎擊，不踰旬而盡被粉碎，是為遼沁之役。繼之長治一帶之敵，突圍南竄，圖向平漢線轉移，復經我軍沿途截擊，斃傷數千，是為潞澤之役。五月一日晉城收復，晉東南一帶，遂完全肅清。

一、遼沁之役

四月十日起，敵以榆社、遼縣、武鄉為目標，大舉圍攻。南路以一〇八師團之苫米地旅團為主力，數約三、四千，由屯留分兩股北犯，一經襄垣，一經沁縣，均於十二日達到武鄉。北路之敵，亦分兩股，一係廿師團之一部，數約三千，由祁縣子洪口南犯，於十日佔子洪鎮，進攻盤陀。一由和瑞，分沿松煙鎮及和遼公路南

106 閻錫山故居所藏第二戰區史料 **第二戰區抗戰要役紀（上）**
Historical Documents of the Second Theater in the Yan Hsi-shan's Residence
The Main Campaigns of the Second Theater in the Second Sino-Japanese War - Section I

犯，於十一日侵入遼縣。當敵初來，勢甚兇，氣甚銳，我故放棄各縣城，暗伏重兵於兩側。迨其深入，力既分散，氣亦漸衰，乃以分進合擊之勢，同時並起，各向當面之敵猛攻。北面朱（懷冰）、武（士敏）兩師，扼守盤陀，與敵相持。南面，劉（伯承）師圍武鄉，陳（鐵）師、高（桂滋）師圍沁源，曾（萬鍾）軍圍沁縣，其他如決死隊、游擊隊，復分擾各交通路線，阻其連絡。敵初奔突扎掙，勉強支持，既經我一再打擊，始狼狽潰竄。我以次克復武鄉、沁源、沁縣，並乘勝攻佔襄垣，時遼、社之敵，亦聞風先遁，一部越東陽關入豫，一部退守和順、昔陽。至廿四日遼、沁告平。茲述其戰鬥之較烈者於次：

(1) 子洪口、盤陀鎮之戰

　　四月十日，祁縣敵廿師團一部三千餘，附砲二、三十門，攻陷子洪鎮。次日更向南面之盤陀鎮猛犯。我朱（懷冰）、武（士敏）兩師扼據東西固城舖之線，奮勇堵擊，敵未獲逞。十三日夜我全線反攻，朱師陳旅攻佔三賈村、東磨支，斷敵歸路；潘旅混戰於盤陀鎮敵陣內，武師主力向敵西側出擊，形成包圍態度，往復激戰，斬殺甚多。至十八日，敵不支北潰，是役先後斃傷敵聯隊長以下八百餘。

(2) 武鄉城郊之戰

　　四月十二日敵千餘侵入武鄉縣城，我劉（伯承）

師及徐海東旅乘其立足未定，次夜前往襲擊，
當即衝入城內。十五日敵忽由遼縣方面增到援軍
二千餘，向我左側突擊，縣城因又陷敵手。十六
日，我再增援反攻，與敵肉搏多次，十八日，卒
將縣城奪回。是役斃傷敵軍千餘，我團長葉成煥
壯烈殉職，官兵傷亡者亦以千計。

（3）沁源以南之戰

四月十四日晨，我陳（鐵）、高（桂滋）兩師，
及決死隊各一部，會攻沁源，激戰終日，斃敵砲
兵中隊長以下百餘名，敵乘夜南竄，經西河附
近，遭我裴（昌會）師襲擊，傷亡甚重，迄至王
和鎮（安澤東北），所餘不過五、六百人。又被
我陳（鐵）、裴（昌會）兩部圍殲，消滅殆盡，計
共斃敵四百餘，俘大、中尉各一，士兵十餘，獲
軍用品甚多。時安澤城駐敵二百餘，聞風逃去，
我乘勝收復安澤縣城。

（4）沁縣、襄垣之克復

當敵越沁縣、襄垣北犯之際，我曾（萬鍾）軍李
（世龍）、唐（淮源）兩師，即由長治一帶分路
尾追，旋將沁縣包圍。不斷襲擊。十六日沁縣敵
三千餘，突圍南竄，至白溝廟遭我徐（海東）
旅伏擊，斃傷二百餘。嗣又經李（世龍）襲擊，
更狼狽不堪，直向東南潰走，十八日我收復襄垣
縣城。

108　閻錫山故居所藏第二戰區史料 **第二戰區抗戰要役紀（上）**
Historical Documents of the Second Theater in the Yan Hsi-shan's Residence
The Main Campaigns of the Second Theater in the Second Sino-Japanese War - Section I

二、潞澤之役

　　敵在遼、沁失利後，即分別突圍逃竄。遼縣之敵，
經東陽關東竄，和瑞之敵，撤往昔陽，沁源、沁縣之
敵，除被我消滅者外，大部退至長治一帶，與該處原有
之敵合流，於廿四日以三千餘眾，大砲多門，南犯，經
我趙（壽山）部及魯應麐旅在崛山村截擊，激戰竟日，
頗有斬獲，廿六日我曾（萬鍾）軍唐（淮源）師先後攻
克黎城、東陽關，殘敵潰退豫北涉縣。廿七日我趙軍攻
佔長治，敵沿白晉公路繼續南竄，一度侵入高平。廿八
日我徐（海東）旅在高平南之張度嶺、銅莊間，與敵
二千餘相遇，發生激戰，初我軍頗佔優勢，旋因彈藥告
盡，未能達到圍殲目的，致令敵大部得以脫逸，然是
役，敵我損失，均不下五、六百，亦云烈矣。卅日我決
死一總隊，乘機收復高平，五月一日敵棄晉城沿晉博公
路，逃往豫北，晉東南區，至此無敵踪。

（一九）出擊綏遠戰役

27 年 4 月 20 日至 5 月初旬

一、綏遠淪陷後之情勢

　　廿六年冬敵軍侵入綏遠，當時晉北戰局緊急，傅主席（作義）以第七集團軍總司令名義，隨軍轉戰，綏事暫由騎兵司令趙承綏主持，藉以牽制敵背。太原失守後，趙、何等部逐漸轉移晉西北一帶。廿七年春，我軍之留綏者僅門炳岳之騎六軍駐五原、安北、固陽一帶，馬占山之挺進軍分駐包頭南北，此外舊有之國民兵團，則分化為游擊部隊，活動於大青山南麓。敵恃平綏鐵路之運轉容易，僅常置少數日軍於綏包，餘則以德王及李守信之偽蒙軍守之。廿七年四月間，敵犯魯南失利，華北各地駐軍，大部被調赴援，綏防尤為空虛。當時綏省境內，共駐偽蒙騎兵九個師，每師約千餘人。另有偽蒙游擊支隊四個，合計不過萬餘。日軍之駐綏者，係後宮第廿六師團，久野村部隊，連同騎兵，僅約千餘。

二、圖綏意義與計畫

　　魯南戰事緊急之際，我最高統帥，為牽制敵軍，振作民氣，因決定圖綏計畫，首任傅作義為北方軍總司令，著統率所部兩師又一旅，及何柱國之騎二軍，門炳岳之騎六軍，馬占山之挺進軍與原駐陝北之鄧寶珊、高雙成等部，向綏出擊，時值晉敵大舉南犯，傅部正在方、離一帶與敵激戰，無法脫離，暫以楊（愛

110

閻錫山故居所藏第二戰區史料 **第二戰區抗戰要役紀（上）**
Historical Documents of the Second Theater in the Yan Hsi-shan's Residence
The Main Campaigns of the Second Theater in the Second Sino-Japanese War - Section I

源）、孫（楚）代理。三月卅日蔣委員復電閻司令長官
重申圖綏意義，促傅速行。原電有云：「查規復綏遠，
不惟可振民氣，轉移觀感，抑能維護國際交通，牽制敵
方重兵，固圖綏之舉，實刻不容緩」。閻司令長官對此
亦具同感，因於方、離敵勢稍挫後，即令傅整部北上。
四月八日傅由離石北移，所部於十六日達到偏關，當督
令各軍，分路出擊。

三、出擊經過

　　傅北上後，令門（炳岳）軍集中安北、固陽、包頭
間，以主力進攻固陽。馬（占山）軍進出武川西南之廣
興隆一帶，向武川進攻。何（柱國）軍向殺虎口、涼城
以東地區挺進，準備向豐鎮、卓資山，分別出動。所部
於四月十六日抵河曲、偏關一帶，分向綏境清水河，及
和林活動。廿一日，傅部劉（奉濱）師攻佔清水河，廿
三日井（得泉）師收復涼城。廿五日圍攻和林，時城內
共駐偽軍三團，日軍兩中隊，野砲四門。我劉師孫旅，
先以一部為佯攻，誘敵主力於上下啦嘛蓋附近，激戰徹
夜。廿六日晨，以主力繞攻縣城，猛撲數次，衝入城
內，上下啦嘛蓋之敵，聞風潰竄。和林遂為我軍確實佔
領。次日繼續追擊，直迫歸綏城南捌拾餘里之三間房地
方（薩爾沁附近）。歸綏城燈火在望，軍士無不歡欣鼓
舞，爭效前驅。適敵新到援軍四千餘，重山砲卅餘門，
連同原有日軍，合計約六、七千，廿八日起猛向我董
（其武）師反攻，我軍苦戰五晝夜，殺敵雖多，而損傷
亦重。同時西北敵千餘突進至殺虎口西之一間房，圖犯

涼城，斷我後路。卅日，我軍分頭迎擊，敵以重砲猛
轟。一間房附近各村，幾被轟平，我據點守兵兩營，傷
亡殆盡，並重傷團長一，營長三。敵岩團騎聯隊，亦被
我消滅大半。原定襲擊武川之馬占山部，於四月十八
日，遭敵由武川、固陽兩面包圍，廿二日被迫退至五斗
舖，復被敵裝甲車衝破，劉（桂五）師長陣亡，馬占山
僅以免，餘部向西北退去。固陽方面，我門軍一部及石
（玉山）師自四月廿二日起，開始圍攻，歷戰三日，未
能得手，敵反乘間以汽車載敵五百餘，於廿五夜攻陷安
北。至此傅鑒於綏境敵力之增厚，及我部隊之脆弱，改
攻為守，一面積極整理部卒，一面牽制大批敵軍，伺機
而動，再圖破敵。

四、敵軍反攻與我之頓挫

我軍改取守勢後，傅、何等部，大部退集於清水河
以南地區。但仍不斷派遣支隊，游擊敵後，以資牽制。
敵方為減少其側背之威脅，乘津浦戰局轉變之際，由晉
北各地，抽調五、六千之眾，附以飛機、坦克、重砲多
門，分數路進犯清水河、偏關，欲一舉奪我入綏之根據
地。五月十三日敵八、九百人據平魯，是為東路敵進犯
之初步。既而和林、托縣、平魯及井坪（朔縣西北）之
敵皆續有增加，其飛機復在偏關、河曲、清水河等處，
連續偵炸，至五月下旬，情況愈趨緊急，我軍亦嚴加戒
備。廿八日敵五千餘，以後宮師團為主，分三路進犯：
一路由井坪向偏關，一路由平魯向清水河，一路由和林
向清水河。傅（作義）總司令嚴督各軍，分路迎擊。由

112 閻錫山故居所藏第二戰區史料 **第二戰區抗戰要役紀（上）**
Historical Documents of the Second Theater in the Yan Hsi-shan's Residence
The Main Campaigns of the Second Theater in the Second Sino-Japanese War - Section I

井坪西犯之敵，數約千餘，屬山岡部隊。被我傅（作
義）軍阻擊於乃何堡、老營堡，激戰四、五日，斃敵數
百。由平魯西犯之敵初約八百餘，廿八日突破敗虎堡之
何（柱國）軍徐師防線，廿九日進達韮菜莊附近。我傅
軍孫旅協同何軍，猛烈抵抗，斃敵甚夥。旋敵源源增
到，數達三千以上，陸空協作，橫衝直撞。我軍全部出
動，反復肉搏，激戰兩晝夜，雙方傷亡均重，我陣地略
向後轉移。由和林南犯之敵，初千餘與我門軍激戰於小
剁圇兔。迄六月四日敵復增蒙偽軍兩師團，與各路敵會
於偏關東北地區，齊向偏城進犯。我軍於城郊附近，再
予敵以打擊後，五日轉入偏關南山。敵入偏城一無所
獲，乃焚殺洩憤，旋退清水河，七日遭我賀（龍）師張
旅在賈家堡（老營堡東）截擊，斃傷三百餘。初敵向清
水河進犯時，河西大樹灣之敵千餘亦蠢動，圖犯東勝，
經我高雙成軍堵擊一晝夜，斃敵卅餘，始不支北退。

（二○）圍攻中離戰役

27 年 4 月 20 日至 5 月下旬

中陽位於汾離公路以南，離石當晉西門戶之衝，兩城相距，不過百里，有車輔相依之勢。自敵打通太軍公路，盤據於此，使我晉西北與吉鄉中心區之交通，常受威脅，柳林、軍渡，亦被瞰制。三月中旬，傅（作義）軍攻克大武，迫近離城，一時晉西之敵，稍形斂跡，既而傅奉命北上圖綏，敵復乘機奪據大武。四月下旬，二戰區為策應魯南戰事，全面反攻。王靖國之廿九軍擔任圍攻中陽，郭宗汾之七一師擔任圍攻離石，同時並舉，期在必克。自四月下旬至五月中旬，歷經大小戰鬥數十次，雙方死傷各以千計，終以敵援續增，未能達到預期之目的，然牽制敵軍之力亦甚大。

一、敵軍情形

二月杪，敵竄據中、離，一度佔領柳林、軍渡、磧口，更圖北犯方、離，打通西北，南趨石、永，擾亂吉、鄉，皆經我分別擊潰，所謀未逞。四月初晉境敵軍，大部東調，中、離一帶，駐敵不過二千餘，均屬山岡師團，每城各約五、六百人，其餘分散於附近之較大村鎮，如金羅、吳城、大武等地，或數百數十不等，堅築工事，戒備極嚴。

114　閻錫山故居所藏第二戰區史料 **第二戰區抗戰要役紀（上）**
Historical Documents of the Second Theater in the Yan Hsi-shan's Residence
The Main Campaigns of the Second Theater in the Second Sino-Japanese War - Section I

二、我方計畫

　　此次我軍圍攻計畫，初擬乘敵之虛，由王軍、郭師，分道並進，第一步截斷汾離、中離交通，阻敵增援；第二步攻擊兩城附近據點，予以各個擊破；第三步集中兵力，猛攻城垣，圖一舉而殲之。旋以軍器差池，急難奏效，乃改變方略，以小部監視城內之敵，以主力遮斷交通，層層交伏，誘敵出城而殲之。

三、圍攻經過

　　四月中旬我王、郭兩部，即依照計畫，向兩城逐漸壓迫，敵亦向我間作反擊，但均係小規模之接觸。廿四日我南北同時出擊，與敵激戰終日。離石方面我鄭旅魏團曾一度衝入東關，肉搏數次，並遮斷上樓橋一帶公路，絕敵東退之路。惟南山方面，限於地勢，未能接近。中陽方面我田旅一部在城北弓家莊、賽財村等處截擊；孫團主力直趨縣城，不意正在進展之際，敵突由東方增到四百餘，向我沈營右翼包圍，激戰數時，沈營長陣亡，部隊傷亡甚重，不得已撤至城西裴家峪以東高地與敵對峙。次夜孟師陳團再行襲擊，一度攻入中陽東山，迫近城垣。廿七日郭（宗汾）師魏團與敵激戰終日，攻克碉堡兩個，衝入離石東關，斃傷敵二百餘人。五月一日王軍長（靖國）親蒞前方，激勵士氣，對中陽城開始總攻，當時我軍部署，係以七十師全部提任攻城，以六十八師之六二四團，在東山協助。二日拂曉以砲火掩護步兵爬城，並以一部截擊龐家會之敵，血戰竟日，龐家會敵被擊潰，惟西城牆垣，高據山頂，外壕極

深，加以敵砲火熾盛，我軍傷亡纍纍，致未得手。三日敵向我城北鐘團反撲，勢極兇猛，經我沉著抵抗，將其擊潰。三日離石諸兵聯合之敵八百餘，隨帶大批接濟輜重，經金羅鎮向中陽增援，被我四一〇團迎頭痛擊，敵大部竄往中陽城北之龐家會，我六二四團，乘夜往襲，敵未及察，即被衝入，當以手擲彈斃敵二百餘，內有軍官五人，破壞敵山砲三門，鹵獲彈藥五十餘箱，及其他軍用品甚多。在此三數日內，我軍勇猛攻擊，以致死傷特重。計共傷亡官長三十六員，士兵七百餘名，損失三倍於敵。閻司令長官特派楚參謀長前往視師，既而審度情勢，決定改變策略，實行圍困。

四、中離間之游擊

自我軍改變攻擊計畫後，以王（靖國）軍一部，圍攻中陽，主力協同傅（存懷）部肅清中離道上之敵。郭（宗汾）師一部圍攻離石，主力協同梁（浩）旅截擊汾離公路。邇後凡十餘日，幾於無日不戰，尤以十六日王軍在尚家峪與莊上，十九日傅部在交口，廿日郭師梁旅在馬家塔、油房坪、上樓橋，廿四日郭師在李家山諸戰役，皆予敵以最大之打擊，共計斃傷敵軍不下四、五百名，獲戰利品甚多。敵雖困守城垣，而實無能為力矣。

（二一）規復三角地帶戰役

27 年 5 月初至 6 月下旬

一、三角地帶之形勢

　　黃河自隆門以降，奔流阻於華山，經潼關折而東以達垣曲，西界秦，南連豫，構成晉西南之三角地帶。在此區內，包括蒲、解、絳，十有餘縣；汾河蜿蜒於北，中條迤邐於南，中有鹽池之富，涑水之利，平原廣漠，農產豐盛，乃三晉富庶之區也。其位置當三省之衝，以風陵、茅津、禹門為對外來往要渡；同蒲鐵路縱貫其間，以侯馬、運城為內部交通樞紐。就軍事觀點而論，實陝豫之屏障，二戰區之重要補給線，故在所必爭。

二、敵軍分佈情形

　　敵陷臨汾後，我軍以戰略關係，大部轉移於山嶽地帶，河東一隅，幾無守兵，敵因得竄至河岸，蹂躪各縣。邇後敵在三角地帶，以曲侯、運城、永濟為中心，常置守兵千餘，其次為河津、新絳、聞喜、平陸、芮城，最多不過數百，至臨、虞、榮、萬、猗、解、夏等縣，則時去時來，忽增忽減，並無一定之駐軍。迨魯南戰事緊急，晉敵被調赴援，三角地帶愈形空虛，當時運城、侯馬之敵，不過五、六百名，其他各縣，除永濟較多外，餘均不過二、三百人，惟時迫徵民眾，隨軍移動，故作眩人之計，以掩其恐慌之情，實則盡其所有，最多不過五、六千人而已。其部隊均屬川岸第二十師團。由上月

118

閻錫山故居所藏第二戰區史料 **第二戰區抗戰要役紀（上）**
Historical Documents of the Second Theater in the Yan Hsi-shan's Residence
The Main Campaigns of the Second Theater in the Second Sino-Japanese War - Section I

旅團長駐運城，指揮一切。

三、我軍攻擊計畫

　　五月初，晉東南既告肅清，閻司令長官，特令衛副
長官立煌，指揮李默菴之十四軍，郭寄嶠之第九軍，曾
萬鍾之第三軍，李家鈺之四十七軍，李興中之一七七
師，趙壽山之十七師，連同各地之游擊部隊，負責消滅
三角地帶之敵，當時李興中師係由陝西渡河新增，其他
各部均由晉東南轉調而來。衛之計畫，係以李默菴指揮
彭（杰如）、陳（武）、裴（昌會）三師主攻曲侯，遮斷
臨汾援敵；以孔繁瀛，劉茂恩部攻取新絳、稷山，向汾
南壓迫；李興中師先肅清臨晉、永濟沿河一帶之敵，逐
漸北進；李家鈺軍，繞據中條山，圍攻安、運；曾萬鍾
軍，向聞喜推進，協助李（家鈺）軍解決同蒲沿線之
敵，各縣游擊部則負責破壞交通，襲擊敵後，務期分進
合圍，盡殲該敵。

四、戰鬥經過

　　我軍部署既定，五月中旬，各路開始猛攻，初敵猶
思守據沿河要渡並維持同蒲交通路線，經我軍四面壓
迫，逐漸退集於安、運、曲侯、新絳等重要據點，憑據
工事頑強抵抗。至沿河渡口，及各縣城，幾盡為我克
復，我軍為竟全功，不惜任何犧牲，自五月下旬起，曾
向曲侯、新絳，苦攻兼旬，斃敵高木旅團長以下三千餘
人，終因敵援未能澈底遮斷，軍器懸殊太甚，以致頓兵
堅城之下，曠日持久，未能奏捷，值魯南豫東，我軍形

勢逆轉，敵乘機以三、四師團之眾，增援來晉，於六月
中旬，源源達到，我軍為截擊敵援，遂放鬆圍攻，戰局
至此為之一變。茲撮述各路作戰經過於下：

（1）沿河各縣之收復

五月初我一七七師由臨晉、榮河間之吳王、廟前
等渡渡河，連合當地自衛隊於五日佔據臨晉、
猗氏兩縣城及臨、猗之眉陽鎮，臨、榮間之孫
吉鎮，嗣分兵為二，一路北趨榮河，一路南向永
濟，敵軍二百餘守榮河，三百餘扼守臨、永間之
張營鎮，各置重砲數門，頑強抗拒。我以一部圍
攻榮河，以主力猛攻張營，激戰三日，衝入鎮
內，正在搜索聚殲之際，而敵忽由永濟，增來援
軍數百，以裝甲車向我猛衝，九日迫近吳王渡，
企圖北上解救榮河之圍，我軍背水為陣，激戰終
夜，卒敗頑敵，旋經稍事整理，一部於十三日進
駐萬泉，一部向虞鄉移動。時榮河之敵，盼援無
望，於十五日棄城東逸，我軍當即收復該城。十
九日我軍進攻虞鄉，敵百餘盤據車站，被我包圍
殲滅，當即攻入城內。未幾永濟、解縣之敵同時
來援，我又退出縣城，轉向永濟進攻，復與敵在
栲栲鎮、趙伊鎮等處，展開激戰，時風陵渡及永
濟之敵，受我平民縣渡河部隊之不斷襲擊，並懼
後方交通之被截斷，逐漸向後撤退，卅日以汽車
百餘輛，盡數竄退運城，於是永濟、虞鄉、解
縣，相繼被我收復。至於中條山南麓，敵本欲據

120　閻錫山故居所藏第二戰區史料 **第二戰區抗戰要役紀（上）**
Historical Documents of the Second Theater in the Yan Hsi-shan's Residence
The Main Campaigns of the Second Theater in the Second Sino-Japanese War - Section I

平、芮，以威脅我隴海路交通。三、四月間經我
廿九軍在茅津一帶迭予重創後，嗣即蜷伏城內，
未敢猖狂。五月七日我李鐵軍一部由南岸盤頭渡
河，配合當地游擊部隊，屢向芮城襲擊，且佔領
永樂鎮與一七七師取得聯繫。敵恐陷入包圍，五
月中旬，開始向中條山北面撤退，十八、十九兩
日，我連續收復芮城、平陸兩縣，自此黃河北岸
亦無敵踪。

（2）曲侯之圍攻

曲沃位於三角地帶之東北端，當臨汾、運城之中
間。城西三十里曰侯馬鎮，居澮水之陰，同蒲鐵
路通過之。兩地相倚，勢如犄角，故恒簡稱曰曲
侯。由此西通新絳、河津，東達沁水、高平皆有
公路連貫。交通之便，位置之要，臨汾以南，無
出其右者。敵據河東後，以此為主要軍事據點。
配置重兵，構築工事，藉以策應各方。自我決定
規復三角地帶，曲侯為主要進攻目標，當時敵我
皆竭全力以赴之。激戰凡一月有餘，砲火之烈，
損傷之重於此次晉南各役中，首屈一指。
曲侯戰事，發動於五月上旬，由李默菴指揮彭杰
如、裴昌會、陳武等三師，及陳光斗旅首先攻
奪曲侯附近村莊，並截斷其彼此聯絡。敵亦自知
力單，一面速行集中，一面加築工事，惟對交通
線則不惜與我拼死爭奪。五月中旬，戰況漸激，
敵囂集於曲侯者，約計五、六千，高木旅團長，

居中指揮。我方部署，以彭（杰如）師全力向侯馬，一小部伏侯馬西阻敵增援，裴（昌會）師附砲廿七團，一部圍塩曲城，主力阻敵西竄。陳（武）師配置於蒙城南北，阻敵南援。十四日裴師在蘇村、席村，迄東韓村之線，與敵反復肉搏，斃敵極眾。十六日，彭（杰如）師一部攻佔西韓村，至此曲沃城外之敵，盡退城內，我乃準備雲梯等物，爬城猛攻。十七日，遭敵反攻，稍行後撤。侯馬方面，我彭師於十六日一度攻入侯馬車站，斃敵三、四百，獲砲六門，機步槍百餘枝，並佔領敵倉庫一所，獲軍用品無算。十七、十八等日敵集中步砲數千，向蒙城、侯馬反攻，均被我擊退。廿日敵忽以步騎八百餘眾，竄擾馬家山（侯馬東南）經我彭師梁旅痛擊，退據兩側山地頑抗，廿一日續經我李旅猛攻，奪四山頭，將敵三面包圍，肉搏數次，殲敵六百餘，殘部乘夜北逸，時敵由臨汾，新絳仍不斷增援，我彭師損傷過重，乃增調劉（茂恩）軍及曾（萬鍾）軍唐（淮源）師來援，自廿二日至廿六日，劉軍據觀莊、東合神之線，唐師進出澮河以北，彭師當侯馬正面，又激戰數日，雙方屢進屢退，損傷均鉅。計自圍攻曲侯以來，敵方傷亡約三千餘，其旅團長高木亦被擊斃。我方犧牲，以彭師為最重，計傷陳副師長及營長六員，連長以下官兵傷亡三千餘，裴師傷亡約七、八百。

五月杪，劉（茂恩）軍奉命擔任主攻侯馬，裴

122 | 閻錫山故居所藏第二戰區史料 **第二戰區抗戰要役紀（上）**
Historical Documents of the Second Theater in the Yan Hsi-shan's Residence
The Main Campaigns of the Second Theater in the Second Sino-Japanese War - Section I

師、陳（武）師仍各在原陣地。曾軍協助劉軍圍
攻。劉部兩師，均配置於侯馬西之東西高村及白
店一帶。卅一日敵為打通曲侯與新絳間之連絡，
西向猛犯，我劉、曾兩軍與敵在東西高村、東西
合神，及槐樹店、張王村、原村一帶，苦戰三晝
夜，雙方傷亡均重，東西高村，終以不守。

六月初三角地帶之敵，已大部被我肅清，所餘者
惟曲侯、運城、新絳、聞喜等重要據點而已。
時津浦沿線及關外之敵逐漸向晉移動，我軍事當
局，深恐援敵一旦達到，將更滋蔓難圖，遂決定
不惜任何犧牲，向曲侯總攻。六月五日，總攻開
始，我裴師向東馬、安吉、東韓、鳳城等村夜
襲，劉、曾軍主力撲西侯馬、張王村，亙南關之
線，敵憑銳利之砲火，我恃奮勇之精神，反覆爭
奪，搏鬥兩日，仍對峙如初，同時敵軍千餘，由
南北兩面，向我陳（武）師所在之史家莊、閻
店、郭寨等地進犯，經我猛烈逆襲，斃敵數百。

六月八日，敵乘我反攻後，正在休整之際，猛以
步砲千餘，犯我柴村（曲沃北），當被我迎頭
痛擊，斃傷三百餘，次日敵復以飛機砲火集中轟
擊，全村幾成焦土，我守軍傷亡五百餘，柴村因
以不守。

六月十一日，我乘天雨，再度總攻曲侯，彭師攻
佔垤上大部，劉、曾迫近西侯馬，雖有相當進
展，而未能破敵主力，蓋此時我軍圍攻月餘，已
屬疲累，加以大砲缺乏，敵堡堅固，致有力不從

心之感，此後敵援陸續達到，我仍固守曲侯附近
與之相持，但未再作硬攻，惟以機動戰術，常牽
制大批敵軍而已。

（3）汾北各縣之圍攻

汾北三縣，曰河津，曰稷山，曰新絳，並列西
東，相距各不過百里。以新絳為最富庶，號稱晉
南之工業區，在侯馬西僅四十里，相依如唇齒，
故敵視之甚重。當彭、孔兩師進攻曲侯之際，孔
（繁瀛）亦奉命督所部一團，及馮（欽哉）部柳
（彥彪）師王旅向新絳圍攻。散在河津、稷山之
游擊隊及彭毓斌之特務團亦同時加緊活動，向敵
襲擊。五月十六日孔師曾一度迫近新絳城郊，適
敵由襄陵方面，增到援軍千餘，向我反攻，企圖
與曲侯敵會合，經我彭（杰如）師在白店附近擊
退。十八日孔師夜襲新絳城，未能得手，次日唐
（淮源）師由侯馬方面，攻佔東西亭水及南關紗
場。廿日劉茂恩軍全部由襄陵南下，向新絳、侯
馬間增援，因之侯、絳之間，戰況特劇。廿二日
後，孔師主力圍攻新絳，一部西向壓迫稷山、禹
門之敵。五月終，禹門敵受我游擊隊襲擊，竄退
河津，次日我特四團，進佔該渡，黃河東岸渡
口，遂完全歸我控制。惟河津尚餘二、三百餘
人，憑城頑抗，我軍屢經襲擊，阻於砲火，皆未
奏功。稷山之敵，經我一二六旅及孔師一部，圍
困多日，於五月卅一日衝入城內，斃傷敵官兵百

124 閻錫山故居所藏第二戰區史料 **第二戰區抗戰要役紀（上）**
Historical Documents of the Second Theater in the Yan Hsi-shan's Residence
The Main Campaigns of the Second Theater in the Second Sino-Japanese War - Section I

餘，獲大砲二門，輕重機槍及步槍百餘枝。六月
三日新絳敵一部出城西竄，被我包圍於鄒里村，
將其擊潰，六月十日孔師曾兩度猛攻新絳城，先
後突入西北兩關及站裡村，皆因侯馬方面，敵援
趕至，未能確實佔領，邇後即與曲侯同入於對峙
狀態。

（4）運城之圍攻

初敵據運城，我七區游擊部隊，即潛伏於運南中
條山內，乘敵不備輒出襲擊，塩池附近，常為雙
方接觸之處。後敵對於運城周圍之防預工事，
特別注意。五月初，我李（家鈺）軍奉命圍攻
運城，其一部於五日由絳縣移駐運城東南之張
店鎮，預作進攻之根據。段捷三之游擊隊，進出
於水頭、安邑一帶破壞同蒲路線，阻敵南援。
一七七師渡河後，由猗氏向東推進，五月中旬亦
迫近安、運。時安、運之敵，共計不過五、六百
人，分駐城內及北關，周圍安設電網，配備巨
砲，晝夜巡邏，以為備，旋我李軍大部達到，敵
乃於十五日棄安邑撤退運城。我李軍孫團收復該
縣，即從東南兩面，逐漸向運垣城郊壓迫，敵恃
大砲為掩護，盲目亂射，致我不易接近，然所予
敵之耗損亦甚大。廿日虞、解及平、芮一帶之敵
調集於運城者，達千餘人，突行反攻，李軍稍經
頓挫，撤至東郭、陽里及裡橋之線，安邑復陷敵
手。廿六日，安運敵千餘，圖向聞喜增援，被我

軍截擊於張良附近，斬獲頗多。五月末，永、虞、解、平、芮各縣之敵，齊集運城，數約三千餘，我李（家鈺）軍及李（興中）師，協力圍攻，六月初旬，戰況頗激。當時我軍已將城郊之敵，完全肅清，李（興中）師一部且進據運城西關，與敵僅隔一城垣，時以手擲彈扔投。六月十六日，敵一部五、六百乘汽車突圍北竄，被我李（家鈺）軍襲之南北李村，斃傷百餘，餘仍退竄回城。此後我軍以缺乏巨砲，屢行爬城未遂，乃改作長期圍困計，蓋彼交通既斷，一旦資源告盡，不難束手就縮也，七月初，敵援軍大至，圍城我軍，多轉用於他線，安、運戰事，暫告停頓。

（5）聞喜之圍攻

聞喜介於侯馬、運城之間，為同蒲路沿線要地。五月中旬，曾（萬鍾）軍李（世龍）師擔任此方面之攻擊。意在將同蒲鐵路節節截斷，使敵無由連絡也。李師首將聞喜南北之水頭、香山寺克復，逐漸迫敵於城內。廿八日，敵軍二、三百一度突圍竄至下白土，被我李師圍擊，傷亡百餘。此後敵墊伏城內，惟憑據工事，與我相持。六月十一日我陳（鐵）師一部增至，猛攻城東西北三關，繼以爬城，敵受創之餘，慌懼殊甚。六月廿日，我陳（鐵）師符旅，再度攻城，當將東南城角，炸一破口，乘勢進衝。無奈破口過小，敵砲火猛烈，雖經終夜激戰，仍未能達到目的。越二

126 | 閻錫山故居所藏第二戰區史料 **第二戰區抗戰要役紀（上）**
Historical Documents of the Second Theater in the Yan Hsi-shan's Residence
The Main Campaigns of the Second Theater in the Second Sino-Japanese War - Section I

日復以坑道法，三度猛攻，亦未克奏效。時曲侯
之敵，增加已眾，一部南下向運城增援，我軍
乃轉移於鐵道兩旁實行伏擊，並遇城內空虛時，
突出夜襲，使敵不得不留一部份兵力於此，與我
相持。

（二二）收復蒲縣與圍攻臨汾戰役

27 年 4 月下旬至 6 月底

敵捌路進犯吉縣失敗後，南路大部退河津、新絳，東路大部退蒲縣、臨汾，各據縣城，企圖固守。蒲縣近在吉、鄉肘腋，扼我中心區對外交通之咽喉，若為敵有，則我處處感受威脅。故於收復鄉寧之後，閻司令長官即令陳長捷軍長督率所部，並指揮劉（茂恩）、杜（春沂）各一部，圍攻蒲縣。當時敵兵力尚強，且由臨汾不斷增援，我軍幾經猛攻，方於五月九日下之。時我衛副長官立煌正督率大軍，反攻晉南，劉（茂恩）軍被調往新絳、侯馬作戰，陳軍逐漸肅清黑龍關附近之敵，六月初復經襄陵至同蒲線附近，擔任臨汾之圍攻。臨汾為晉南敵軍之總據點，城垣堅固，守兵眾多，攻取自屬非易。陳軍長毅然任之，自六月五日起，首將城郊附近村莊，予以肅清，圍敵於城內及堯廟機場數據點，猛烈襲擊。凡經二十餘日，屢次衝入車站及機場，皆因缺乏巨砲，未奏膚功。然敵之被我零星斃傷者，總計亦不下數百人，且常使同蒲路不獲暢通，予曲侯我軍以殲敵之良機。後敵援晉之師大至，晉南我軍，整個放棄攻擊據點計畫，復從事於游擊戰爭，陳軍仍配置於臨、蒲間，與敵周旋。

一、收復蒲縣之役

蒲縣介於吉鄉、臨汾、洪、趙、汾西、隰縣、大寧

128 | 閻錫山故居所藏第二戰區史料 **第二戰區抗戰要役紀（上）**
Historical Documents of the Second Theater in the Yan Hsi-shan's Residence
The Main Campaigns of the Second Theater in the Second Sino-Japanese War - Section I

之間，為吉縣之外戶，扼晉西交通之樞紐，敵由吉縣退
卻時，曾留上田部隊千餘於彼，阻我追擊。初我劉（茂
恩）軍、陳（長捷）軍，皆未作積極進攻，僅以游擊部
隊，從事襲擾，意在促其潰退。乃十餘日間，非但無若
何進展，且常被逆襲。四月廿四日閻司令長官特令十五
軍劉茂恩派兵一旅，六十六師杜春沂派兵一團歸陳長捷
指揮，速殲蒲縣之敵。陳置劉部於城北，以所部擔任城
南翠屏山之攻擊，咸以城內之敵為目標。另遣劉（茂
恩）、彭（毓斌）各一部，佈置於黑龍關附近，防其由
臨汾增援。如此激戰十餘日，翠屏山屢失屢得，卒於五
月九日攻克蒲縣，陳軍梁旅，首先入城。敵於臨退之
前，縱火焚燒，比我軍到，僅餘斷瓦頹垣，與瘡痍滿目
之景象而已。

二、臨汾之圍攻

五月終，陳軍大部進至蒲縣臨汾間，六月五日，奉
閻司令長官令「以誘敵出城，避免攻堅之要領，向臨汾
出擊」。並指定彭師特二團亦歸陳指揮。陳本此要旨，
首先從事肅清城周各村之敵。時城內駐敵約千餘，堯
廟機場駐敵三、四百，其餘村莊，多者百餘，少者數十
不等。我軍出動後，各村零星駐敵咸集中於城內，及堯
廟兩處。我以次迫近城郊，並破壞同蒲路軌。六月十二
日大舉進擊。彭師向堯廟，段（樹華）師向臨汾車站，
與敵激戰半夜。斃傷敵數百，炸毀水塔及機車二，車皮
數十。十四日敵步騎五、六百，分三路向我劉村、上下
靳村、大寒村反攻，經我奮勇擊退。十八日夜，我實行

總攻，彭師張團攻堯廟，一部進至圍牆附近，一部衝破鐵絲網，進至飛機場內，與敵混戰徹夜，因受城內砲火轟擊，翌晨復行退出。梁旅攻北焦堡，曾予敵以莫大之打擊，旋受大井村敵之夾擊，稍行後撤。魯英麐旅襲車站，因敵防禦嚴密，僅一部衝入毀敵機車數輛，斃敵數十而退。十九日夜，宋團再襲堯廟，毀敵飛機三架。二十二日陳軍王旅續襲堯廟，激戰四時，予敵重大損失。七月初敵援軍達到臨汾者逾萬，三日以一部八、九百，向我反攻，分四路渡汾西犯，均經我擊退，此後復成對峙狀態。

（二三）敵後之破壞與游擊

按自臨汾陷後，二戰區全區展開游擊戰，敵我交
錯，本無所謂前後方。惟當五、六月間，我軍全面反攻
之際，雙方主力，咸集中於少數重要據點，隱然具有陣
地戰之規模。當時負敵後交通破壞及截敵給養之責者，
雖非直接參與該役之攻奪，然亦處於協助地位。況以寡
當眾，以奇制勝，往往損失微而予敵之創痛鉅，較之正
面對壘，反多足錄。故特列表以識其梗概。

時間	地點	部隊	戰果
廿七年四月二十七日	介休義安車站	高桂滋部	攻入車站斃敵四五十，並將附近橋樑電桿破壞。
四月廿八日	靈石西南梁家圪塔	陳慶華旅郭團	伏擊北開火車一列，斃敵五十餘。
	壽陽車站	朱懷冰部	夜襲車站，斃敵數十。
五月一日	曲沃八里莊附近	陳光斗部	敵百餘通過被截擊，斃十餘。
	綏遠托縣	騎六師一部	夜襲入城，斃敵六十餘，焚燬敵汽車十八輛，獲砲一門。
五月三日	山陰下社村	賀龍部	攻入下社村內，斃傷敵中隊長以下五十餘。
	新絳縣	李凱朋部	潛入新絳中學校內，焚燬敵所儲存軍用品。
五月三日至五日	汾陽西北	林彪部	截擊離石東開敵汽車六十餘輛，擊毀四十餘輛，獲聽音機一架。
	定襄	金憲章	在湖村、智村、王蓋村一帶游擊，斃敵七十餘，獲機槍四挺，步馬槍廿四枝，子彈四千發，馬四匹。
	太谷大白村附近	朱懷冰部	與敵川岸師團之鈴木謙聯隊激戰一晝夜，斃西田大隊長以下數百。
五月六日	壽陽附近	朱懷冰部	破壞壽陽城西、東西建公、蘆家莊等處鐵路橋樑，焚燬壽陽車站，破壞車頭二，車皮卅餘輛。正太路數日不通。
五月十二日	崞縣	賀龍部	破壞崞縣南北各橋樑，並在文殊莊，斃敵甚多。

閻錫山故居所藏第二戰區史料 **第二戰區抗戰要役紀（上）**
Historical Documents of the Second Theater in the Yan Hsi-shan's Residence
The Main Campaigns of the Second Theater in the Second Sino-Japanese War - Section I

時間	地點	部隊	戰果
五月十四日	靈石介休間	林彪部	襲佔義棠鎮、兩渡鎮，炸毀附近鐵道橋四座。
五月廿二日	祁縣九級村	武士敏部	夜襲九級村，斃敵三百餘。
	靈石靳莊	魯英麐部	敵千餘被我襲擊，激戰一晝夜，斃敵二百餘，俘數十。
五月廿四日	離石李家山	郭宗汾部	敵給養汽車多輛西駛，經我腰擊，截獲廿輛，司機及押運兵二百餘，幾盡被殲。
六月五日	正太路獲鹿井陘間	劉伯承部	拆毀獲井間鐵道三三〇公尺，毀橋一座，並襲水頭車站，斃敵十餘。
六月九日	朔縣北窰村	續範亭部	敵汽車五十餘經過，遭我伏擊，斃傷敵五十餘。
六月廿三日	正太路蘆家莊	決死第二縱隊	因附近路軌被我破壞，敵兵車一列經過出軌，我伏兵驟起，斃八十餘，毀機車一，車皮數輛。

敵反攻晉南各役

27 年 6 月下旬至 8 月底

　　晉南之敵，自五月初經我大軍圍困於曲侯、新絳、運城等據點，猛攻月餘，勢將就殲。適徐州會戰告終，其一〇八師團、十四師團及第四混成旅團，紛紛由豫東北調晉南增援。首先達到者為一〇八師團之一〇四旅團，於六月十五日沿同蒲線經靈、霍南下。其次為一〇八師團之一一六旅團，於六月廿七日由沁、博越濟源向垣曲進犯。另一支為第十四師團之黑石旅團及一〇八師團主力，歸嘉島司令指揮，於六月卅日侵入晉城，沿沁翼公路西犯。各路皆以曲侯為目標，圖先解救彼方之圍，再南下爭取沿河渡口。我當局洞悉其謀，自六月下旬起，即改變方略，留少數部隊於各據點，繼續監圍。調移主力於垣曲、沁翼一帶，阻擊援敵。至七月上旬，晉南我軍位置及任務，大致如下：

（1）彭杰如、裴昌會師在張馬及浮山南，劉茂恩軍在張馬（翼城東南）及橫嶺關間，王奇峯旅在陽城東北，徐海東旅在沁水東北，楊覺天旅在陽城，共夾擊沁翼公路之敵。

（2）陳武、陳鴻遠、趙壽山師附郜軍王旅在董封、同善鎮及邵源南北；孔繁瀛師附柳師王旅及高增級旅在皋落、垣曲大道西，共向垣曲反攻。

（3）曾萬鍾軍以聞、夏兩縣東境山地為根據，側擊王峪、安邑間之敵，李家鈺軍以安邑、平陸兩縣中

134 　閻錫山故居所藏第二戰區史料 **第二戰區抗戰要役紀（上）**
Historical Documents of the Second Theater in the Yan Hsi-shan's Residence
The Main Campaigns of the Second Theater in the Second Sino-Japanese War - Section I

條山為根據，確保據點，襲擊安、運之敵，阻其
渡河。孫蔚如軍團控置於解縣、猗氏、臨晉、永
濟一帶，遲滯敵之南下。

（4）陳長捷、彭毓斌軍在臨汾、襄陵一帶，向同蒲沿
線襲擊。陳光斗部在曲沃、翼城一帶，對當地過
往之敵襲擊。

旋蔣委員長復電閻司令長官，謂：「二戰區對敵攻
勢，應避免決戰，繼行游擊，如敵渡河進攻豫、陝，應
不惜一切犧牲，以主力攻擊渡河敵背，以協助右岸防守
步隊之作戰。」故我軍對敵此次進犯，戰略上取守勢，
戰術上取攻勢。本消耗敵力之目的，處處設防，節節抵
禦，縱有犧牲，必索代價。計自七月初起，雙方爭奪垣
曲，繼之激戰於沁翼公路沿線，二十日間，將由豫北增
援之敵，斃傷逾半。迨七月下旬，敵由各路集中於三角
地帶者，達萬餘，以第廿師團為主力，分犯黃河左岸渡
口。時我孫（蔚如）集團軍已全部渡河，扼守中條山西
段各隘口及安、運以西各城鎮，阻其前進。歷經月餘，
先後激戰於中條山南北麓及猗氏、眉陽鎮、臨晉、永濟
等地，我雖失去若干縣城，而所予敵之創痛亦極大。八
月廿八日，風陵渡再陷，孫軍團大部轉移於中條山內，
於此建立堅固之游擊根據地。一面維護平、芮，屏障隴
海交通；一面控制蒲解，威脅三角地帶之敵。當臨、永
間戰事緊急之際，我劉茂恩部，特向盤據橫嶺關附近之
敵猛攻，同時曲、翼一帶之游擊隊，亦積極活動，斬獲
頗多，此皆係以牽制敵軍南犯為目的者，故併附於後。

（二四）垣曲之役

27 年 6 月 27 日至 8 月 1 日

　　徐州會戰告終，敵為解救晉南曲侯之圍，與支持三角地帶之各據點計，由華北各縣，調集三師團之兵力，分途援晉。其一〇八師團之一一六旅團於六月二十五起，由豫北蠢動，廿七日侵入濟源，續向垣曲進迫。我以陳武、陳鴻遠、趙壽山等部，配置於垣曲東面，負責扼抗。另以孔（繁瀛）師高（增級）旅配置於皋落垣曲間大道西側，伺機側擊，並防橫嶺關敵之南下。七月一日，敵大部竄入垣曲境內，我軍迎頭痛擊，先後激戰於邵源蒲掌、封門口、南羊圈等地，斃敵極眾。旋李逆振堂部及日軍千餘陸續增至，同時橫嶺關敵數千亦南下援應。我軍為免受夾攻，爭取主動，略向兩翼撤退，敵遂乘勢於十三日衝入縣城。未幾，我各部重新部署，實行總反攻，連戰數日，敵果不支北潰，十七日我克復垣曲，繼續掃蕩。又數日，附近各鎮，同告肅清。茲分述戰鬥經過於後：

一、蒲掌附近之戰

　　七月一日，敵三千餘人，竄抵蒲掌附近，飛機廿餘架助戰，旋放燒夷彈及瓦斯彈甚多，我陳（武）、高（增級）兩部冒死衝殺，竭力堵禦，血戰兩晝夜，斃敵六、七百人。

136 | 閻錫山故居所藏第二戰區史料 **第二戰區抗戰要役紀（上）**
Historical Documents of the Second Theater in the Yan Hsi-shan's Residence
The Main Campaigns of the Second Theater in the Second Sino-Japanese War - Section I

二、封門口附近之殲敵

　　七月三日敵二千餘人向封門口進犯，我軍設伏於隘
路兩側，乘其通過之際，突起襲擊。敵驟不及防，驚
惶奔散，結果被我殲滅逾半，其司令井上亦有重傷陣
亡說。

三、南羊圈附近之戰

　　越封門口西竄之敵，獲援後，勢又猖狂，續向我南
羊圈附近陣地進犯。不顧人道，濫放重量毒瓦斯彈，我
軍前仆後繼，沉著應戰，斃傷敵軍數百。

四、垣曲之放棄

　　由濟源西犯之敵，經我趙、陳等部十餘日來之截
擊、伏擊，傷亡慘重，遲滯於茶房嶺一帶，未克前進。
適北面橫嶺敵二千餘，南下援應。孔、高兩部，堵擊數
日，漸向兩翼撤退。十一日皋落鎮失守。敵直撲垣曲縣
城，並以飛機十五架，更番轟炸，以致全城付之一炬。
十三日我軍放棄垣曲，暫轉移於兩側山地。

五、我軍總攻獲勝

　　敵陷垣曲縣城後，附近山頭，仍多在我掌握，其給
養運轉，既屬困難，各部連絡，亦頗不易。每遇小股外
出，輒被我軍襲擊，往往損失極重。越數日我軍新加部
署，首向蒲掌反攻，繼之全線總攻。敵三面受創進退
維谷，十七日，全部潰退，我軍收復縣城，次日分路追
擊，以次收復東北面之王茅、王村鎮，北面之皋落鎮。

廿一日趙壽山部亦將南面邵源之敵擊潰，至此垣曲四
周，均告敉平。

（二五）晉翼公路之役

27 年 6 月 30 日至 8 月 3 日

由豫北向晉南增援之敵，除一支取道垣曲外，另一支係第一○八師團與一○四師團各一部及嘉島守備隊所組成共計五、六千人，於六月卅日經天井關，侵入晉城，更沿晉翼公路西犯。我軍預燭其奸，為誘敵深入，利用晉東南山嶽地帶，發展運動戰之特效起見，初則對於沿途重要城鎮，僅略加抵抗，配置重兵於兩側，俟其既入，隨處截擊，使彼首尾不能相顧，而趨於消滅。敵果冒險急進，於七月三日陷陽城，五日陷沁水，八日陸續通鄔嶺，向翼城進犯。我軍乃本預定計畫，設伏腰擊。先後創之於下匠村、義成鎮、夫妻嶺等處，七月末其主力二千餘，被我圍擊於東西鄔嶺附近，凡五晝夜，頑敵大部就殲。我軍乘勝克復翼城、沁水、晉城三縣城。

一、下匠村之伏擊

七月五日，由陽城退往晉城敵兩千餘，途經晉城下匠村，經我田（樹海）旅伏擊部隊猛烈截擊，斃敵百餘，我軍於達成任務後，即脫離戰鬥，兵員無傷亡。

二、義成鎮之截擊

七月六日我徐（海東）旅在陽城北義成鎮與南犯之敵二千餘相遇，激戰終日，斃敵五百餘，燬敵汽車三十

140 閻錫山故居所藏第二戰區史料 **第二戰區抗戰要役紀（上）**
Historical Documents of the Second Theater in the Yan Hsi-shan's Residence
The Main Campaigns of the Second Theater in the Second Sino-Japanese War - Section I

餘輛，我傷亡營長、副營長以下官士兵六百餘。

三、夫妻嶺之截擊

七月十六日，敵汽車百餘輛由劉村（陽城北）西進，被我徐（海東）旅在夫妻嶺附近截擊，斃敵百餘，毀汽車多輛，殘敵向沁水竄去。

四、東西鄔嶺一帶之殲敵

敵一○八師團一○五聯隊及嘉島部隊，並汽車、輜重各隊共兩千餘，二十五日，由沁西犯，企與翼城之敵會合；沿途被我彭（杰如）師以小部節節誘擊，至廿九日晨，被我彭師主力包圍於王寨鎮、東西鄔嶺（沁水西）一帶，血戰五晝夜，除一部二百餘突圍西竄，被我陳師在黃家舖（翼城東）擊斃五十餘，殘敵潰竄翼城外，其餘全部被我殲滅。是役共斃敵千五百餘，俘虜四十餘，奪獲汽車二百餘輛，裝甲車四輛，砲七門，槍二百餘支，其他軍用品甚多。

（二六）中條山戰役（二）

27 年 7 月 12 日至 8 月下旬

六月中我李家鈺、李興中兩部協攻運城，屢薄城郊，迄未克復。七月初敵第二十師團一部，沿同蒲鐵道南下增援。我當局為鞏固黃河北岸陣地，以免隴海鐵道感受威脅起見，因劃定中條山防地，平陸、夏縣以東，歸李家鈺軍駐守，以西歸陶（竣池）軍與孫（蔚如）部駐守。圍攻運城之軍於是皆略後撤。李家鈺部退據運城東南之王峪口、張店、侯王各山口，李興中部退集運西之解縣、猗氏、臨晉一帶。七月十二日運城敵千餘向中條山東段進犯，十五日王峪口、張店，同時失守。此後敵在該處築工頑抗，李（家鈺）、曾（萬鍾）兩部前後圍攻二十餘日，終未下。此時運城敵力，猶未充足，其所以力爭張店者，一則預作南犯平、茅之準備，一則防我軍據以威脅運城也。八月初旬，敵既據萬、猗，取解縣，壓迫我李（興中）軍於臨、虞、水一帶，勢漸猖獗，乃以一股二千餘眾，再犯中條，窺伺平陸。經我趙壽山部猛烈堵擊，激戰二晝夜，狼狽北潰。後十餘日，敵各路會犯永濟，復以一部由解縣三犯中條，並一度侵入芮城，結果仍被擊退。同時解縣、虞鄉之敵，為策應在永濟之作戰，又不斷向我山北各隘口進犯，但均無若何進展。總計七、八兩月中，敵犯中條，大者四次，小者無數，要其目的，不外圖據平、芮，爭取渡口，故總名曰第二次中條山戰役，別於三、四月間初次中條山戰

142　閻錫山故居所藏第二戰區史料 **第二戰區抗戰要役紀（上）**
Historical Documents of the Second Theater in the Yan Hsi-shan's Residence
The Main Campaigns of the Second Theater in the Second Sino-Japanese War - Section I

爭而言也。

一、張店之爭奪

　　七月十二日運城敵增至三、四千人，次日，一部向王峪口進犯，繼又向張店竄擾，我李（家鈺）軍與之激戰數日，敵竟施放大量毒氣，我軍傷亡頗重。十五日，王峪口、張店同時失守。敵分途竄擾，一股於十六日侵入夏縣城，旋北竄聞喜。一股盤據張店、侯王一帶，經我李（家鈺）部，李青廷、李宗舫兩師，協力圍攻，行將被殲。廿一日敵又由運城竄來千餘，與張店、侯王之殘部相會。張店為運、茅間重要據點，敵以數千之眾，設防固守，我調李（家鈺）、曾（萬鍾）兩部屢行猛攻。八月八日至十一日，戰況最烈，我曾軍曾一度衝入侯王村內，並掃清前後灘殘敵，終因敵據工事頑抗，未能澈底肅清，遂用機動戰術，不時予以襲擊。十三日運城敵二、三百人又向范家窰進犯，經我痛擊，不支而退。

二、平陸附近之敗敵

　　八月七日運城敵千餘，砲六門，由塩池南之張村、曲村向榆桐嶺進犯，我守軍僅義勇隊李哥命一部，眾寡懸殊，聞訊後撤，敵即竄至大郎廟、土地廟一帶，我第八軍補充團又被迫撤至平陸附近，敵跟踪而來，於八日進至張村、馬村。同時另一股敵約千餘人附砲四門，由張店鎮經大寬村、南村南犯，於八日午後竄至橋子村、聖人澗附近。時我十七師方由垣曲開至茅津，當即分頭堵擊，由溫團及補充團楊營擔任大郎廟方面，李（維

民）團擔任橋子村、聖人澗方面。九日各部與敵相遇於西凸頭、閻家坡及橋子村、聖人澗之線，雙方均取攻勢，戰鬥至為劇烈。敵集中砲火，猛轟縣城，我官兵奮勇沉著，白刃肉搏約四、五時，敵死傷纍纍，漸呈不支。晚我陳旅乘勢夜襲，佔領張村。敵經此鉅創，全線動搖，北向運城潰退，我軍跟蹤追擊，十日克復土地廟、大郎廟各隘口。聖人澗方面，亦經我李團擊潰，向張店竄退。平陸遂獲保無恙。

三、芮城之失而復得

當敵西犯猗、臨時，曾以一支沿同蒲線，侵據解縣。永濟戰事吃緊之際，敵恐我中條山部隊，出而腰擊，乃於八月十六日起，以步砲千四、五百人，經解縣南之石坡池、七里坪進犯陌南鎮，我守軍第八師之兩團，且戰且退，敵遂於十八日陷陌南鎮，次日進薄芮城縣城。時我趙（壽山）軍奉命向二十里嶺側擊，當即佔領該地，斷敵歸路。敵大部竄至芮城附近與我守城部隊（陶軍四七團）激戰，趙軍乘虛直搗陌南，廿二日佔領之。適敵於十七日陷虞鄉縣城，廿二日以千餘之眾，越嶺南犯，與陌南殘退之股會合，共向縣城猛撲。芮城遂於廿三日失守。廿四日我軍大舉反攻，趙（壽山）軍由石湖村，李（興中）軍任（雲章）旅由芮城北向敵夾擊。激戰至午，任旅李、張兩營，攻佔縣城。敵傾全力二千餘人，由上下石門向我趙軍全線猛衝，企圖突圍東竄，搏鬥至為劇烈。旋敵騎三、四百向我左翼上曹莊突襲，導其步兵續向韋公村、下陽村迂迴，乘我變換陣地之

144 閻錫山故居所藏第二戰區史料 **第二戰區抗戰要役紀（上）**
Historical Documents of the Second Theater in the Yan Hsi-shan's Residence
The Main Campaigns of the Second Theater in the Second Sino-Japanese War - Section I

際，以猛烈砲火掩護，晚向廿里嶺方面竄退。廿五日晨
與解縣北援之敵二百餘，向我趙部夾擊，復陷廿里嶺，
敵大部竄回解縣，一部據守廿里嶺，我趙軍東移於馬蒲
嶺與敵相持。

四、王官峪附近之戰

八月十六日以來，解縣敵千餘，砲十餘門，由勸張
村西犯與我李（興中）軍激戰於寇家窰、清華鎮一帶。
十八日續向我王官峪、風伯峪、石佛寺等處猛攻，血戰
竟日，經我韓（芝房）團由南梯村（虞鄉西南）側擊，
游擊隊由芋村（虞鄉東北）向解縣抄襲，敵不支於十九
日退回解縣。

（二七）猗氏之役

27 年 7 月 13 日至 15 日

　　晉南之敵，自獲援後，一面由安、運向中條山我軍壓迫；一面由新絳、聞喜，會犯萬泉、猗氏，企圖直撲臨晉，奪取吳王渡。七月十一日，新絳、稷山一帶之敵四、五百人，侵據萬泉縣城。十二日，猗氏附近之平杜鎮發現敵踪。十三日午後二時，敵聯合兵種約八、九百人，由牛杜鎮向猗氏縣城進攻，我守軍一七七師約一營，由孫團長率領，督同一七七師游擊支隊王訓成部，及本縣之游擊隊，分頭抵禦。初在東門外接觸，既又在南門外展開激戰，比晚敵砲火更猛，我王訓成部繞至大陽村、黃門井，向敵側擊，敵不支稍退。次日東關及老爺廟均被陷，城垣遂被三面包圍。我守軍曾派兵一連及本縣之游擊隊出西門由東王村向南關之敵襲擊，計畫內外夾攻，一舉而解圍。卒因敵眾我寡，器械懸殊，未能致果。十五日晨，敵復以重砲轟破我東南兩門，及東南城牆一角，乘勢衝擁。我孫團長親自督戰，與敵肉搏再四，斃傷敵二百餘名，我雖死亡枕籍，猶復努力衝殺，巷戰數時，終以後援不繼，始突圍出城，轉移於城北之景氏廟及石家莊一帶，是役我團附王正和身負重傷，士兵死傷者，約二百餘人。

（二八）眉陽鎮之役

27 年 7 月 20 日

　　眉陽鎮位於猗氏、臨晉之間，距兩縣城各二十里，為彼此來往之孔道。敵陷猗氏後，逐漸向西移動，眉陽鎮首當其衝。我軍為掩護臨晉，維持吳王渡口起見，於十八日派陝軍警備第二旅七團謝營長濟民率部往眉陽鎮堵截。至則敵已先據猗氏之香落、下場等村，距該鎮僅十許里。時附近百姓，已逃避一空，聞國軍至，又復回聚，謝營長當即督軍民佈置防線，構築工事，窮一日夜力，而守備之資略具。廿日晨四時，敵步騎砲聯合部隊約六、七百人向我守軍進攻，謝營長率部勇猛抵抗，雖身陷重圍，猶從容指揮，不少退卻。自辰至午，激戰七、八小時，斃傷敵二百餘人。迨至堡牆工事，悉被摧毀，又復登屋據垣，散伏各處，俟敵衝入，以手擲彈相投，白刃相搏，演成激烈之巷戰。相持至暮，敵勢窮，始縱火而去。然我謝營長以下官兵二百餘人，竟咸作壯烈之犧牲，此後臨晉縣城之幸獲保全數十日者，賴有此耳。是日眉陽鎮南之水頭村，同時亦遭敵攻擊。我警三旅九團高營何排長興漢曾率所部，白刃衝入敵砲兵陣地，手刃其中尉以下官兵數人，全排幾無生還者，亦堪稱壯烈云。

（二九）臨晉之役

27 年 8 月 8 日至 10 日

　　猗氏西犯之敵在眉陽鎮受挫後，即麕集於牛杜鎮、王景村、太范村附近待援，並不時向西南各處竄擾，經我一七七師及獨立四七旅隨時堵擊，迭予重創。旋敵由運城、聞喜調集大批援軍，於八月八日起，傾巢西犯。約計步兵千七、八百名，騎兵三百餘名，附砲十餘門，裝甲汽車廿餘輛，由第廿師團旅團長關元流任司令，分南北中三路進攻。中路由眉陽鎮直撲縣城。南路經樊橋站，北路經陳范屯向我左右兩翼壓迫。我守軍孫（蔚如）部張（英三）、樊（雨農）、韓（芝房）等團分頭迎擊。激戰一晝夜，漸移至城郊。時我守城步隊，僅韓團一營，主力則配置於南北連村及許家莊一帶。城北八里許之原上，亦預置伏兵，以相策應。九日敵進佔城東南附近村莊，以大砲向城內及許家莊一帶猛轟，我軍沉著應戰，斃敵甚多。既而城垣被陷，敵乘勢衝入，我軍始由西北兩門，突圍轉移。是晚北路之敵約數百人，進至城北廿里之陶唐村，經我軍夜襲，包圍痛擊，本有聚殲可能，適敵援軍馳至，致我腹背受敵，不得已而後撤。是役岳連副（□□）奮不顧身，衝鋒巷戰，竟作壯烈之犧牲。附近居民，至今猶稱其勇。十日敵繼續西犯，直薄吳王渡，該處防禦工事，曾用數千民力，歷修三月，在軍事上不失為重要據點，詎料守兵僅第七預備師之一營，眾寡懸殊，交鋒未久，即為所陷。此後敵以

150 | 閻錫山故居所藏第二戰區史料 **第二戰區抗戰要役紀（上）**
Historical Documents of the Second Theater in the Yan Hsi-shan's Residence
The Main Campaigns of the Second Theater in the Second Sino-Japanese War - Section I

少數步隊留守，而移其主力向永濟進犯。

（三〇）永濟之役

27 年 8 月 11 日至 28 日

　　臨晉縣城及吳王渡相繼被陷後，敵主力即轉鋒南向，直犯永濟。永濟位於三角地帶之尖端，其南風陵渡，與潼關僅隔一帶水，設有失，則豫陝告急，而西北整個危矣。孫軍團長蔚如於七月下旬奉命渡河，駐永濟之六官村，親督趙（壽山）、李（興中）兩軍，阻敵西進。一面於永濟互風陵渡間約八十餘里，東託中條山，西止黃河，節節為營，步步設寨，構築堅固工事，以為最後防線，準備敵來與之死拚。八月十一日臨晉敵侵入永濟北境，同時解縣敵亦越虞鄉沿同蒲路西犯。十二日至十五日我孔（從周）旅與敵轉戰於永濟東北之東西白堡頭、栲栳鎮、上高寺一帶，因所在皆係平原，敵機械化部隊，得儘盡量發揮威力，致我陣地無由穩定。十六日我孟明橋、堯王台陣地，又被突破。十七日敵圍永濟縣城，我王（鎮華）旅張團血戰終日，終以不守。十八日至廿三日，我軍憑藉韓陽鎮及辛店附近之既成工事，與敵反覆肉搏五、六日，雙方傷亡均達千餘，廿四日敵越辛店，猛攻六官村、底葛、長旺，廿八日再陷風陵渡。經此月餘激戰，敵已成強弩之末，雖達渡口，亦無渡河西犯之力，在我戰略上，可謂適如所計。茲分述各地戰鬥情況於後：

152　閻錫山故居所藏第二戰區史料 **第二戰區抗戰要役紀（上）**
Historical Documents of the Second Theater in the Yan Hsi-shan's Residence
The Main Campaigns of the Second Theater in the Second Sino-Japanese War - Section I

一、臨晉陷後我軍新部署

臨晉吳王渡相繼被陷後，我軍為待援規復計，初將守城各部隊，分別撤至臨晉北原與縣南各村，作成外線包圍形勢。既而見敵源源增加，積極南犯，遂以固守中條山，確保永濟據點，以掩護黃河右岸為目的，將臨晉境內部隊，盡行南調，重新部署其命令如下：

（一）獨立第四六旅孔從周部附警一旅一團之二營，及一〇二團、孫子坤部與砲兵，在永濟以北確實佔領預備之陣地，擔任固守。孫子坤、龐團活動使用於陣地右側，相機策擊敵人，並確實掩護馬蒲頭以西陣地之中條山各隘路口，以防敵之抄襲。

（二）九六軍之獨立四七旅王鎮華部欠樊雨農團附韓芝房團、王雲山團及山砲一連為獨立支隊，限元（十三）日十時前在城子埠以南黃旗營、普樂頭、東西開張一帶集結完畢，行動務求秘密，俟敵人攻擊永濟陣地頓挫，其兵力膠著於我陣地前時，向敵側背猛烈攻擊，務期殲滅之於陣地前。該支隊同時應派遣有力小部隊對臨晉及樊橋站方面，嚴密警戒，以防敵對我背後之擾亂或襲擊，並切實與孫子坤團取連絡。

（三）九十六軍之一七七師欠楊旅及王雲山團，樊雨農團擔任馬頭（含）、寶直嶺間中條山各隘路之扼守。

（四）教導團特務營位置於現地為總預備隊，教導團並擔任寶玉台至蒼陵峪一帶高地上之警戒。

二、永濟東北境之阻敵

八月十二日吳王渡敵千二百餘，砲十餘門，南犯進佔馮留村，一部竄至毛家營、呂家營附近。臨晉縣城之敵五百餘砲四門，同時向北古城進犯，與我孔（從周）旅警戒步隊激戰半日，我以眾寡不敵，撤至白堡頭之線。相持兩日，敵大部集中於栲栳鎮一帶，十五日分三路續向南犯，一路進至蘇村，一路進至呂村，一路進至趙辛村，我守軍節節抵抗，雙方傷亡均重。尤以上高寺附近，戰況最烈，當時我十七師一○二團第三營陣地，被敵千餘之眾，三面包圍，楊團附復震親率所部，反覆肉搏，身受重創，卒突圍而出。十六日敵新增騎兵五、六百，裝甲車十餘輛，向我東西姚溫村與孟明橋、堯王台等陣地猛衝，激戰終日，敵死傷極重，我陣地亦終不守。

三、永濟縣城之攻守

孟明橋陣地被突破後，我孔旅大部轉移於萬古寺以南沿山陣地，憑工事據守，敵乃以主力猛撲永濟縣城，十七日拂曉敵軍千餘在飛機、大砲掩護下，將城東北南三面包圍，肆行轟擊。我守軍王（鎮華）旅張團（劍平），竭力抵禦，屢挫敵鋒。傍晚東北城垣首被轟坍，敵乘勢進衝，經我機槍猛烈射擊，敵死傷不下五、六百名。旋因毀缺之處增多，我軍堵塞不及，被敵衝入，乃退守城西南區，繼續巷戰，鄧營長雲祥以下官兵二百餘人，咸作壯烈犧牲。最後張團長始率殘部，衝出西門，永濟縣城，遂於是晚失陷。

154

閻錫山故居所藏第二戰區史料 **第二戰區抗戰要役紀（上）**
Historical Documents of the Second Theater in the Yan Hsi-shan's Residence
The Main Campaigns of the Second Theater in the Second Sino-Japanese War - Section I

四、韓陽鎮附近激戰

當敵主力進攻永濟縣城之際，另一支五、六百人，裝甲車五輛，沿黃河向韓陽進犯，經我軍奮勇堵擊，毀敵裝甲車五輛，斃敵八十餘。十八日辰，永濟之敵，全部集中韓陽鎮方面，數約三千餘人，重砲十餘門，裝甲車多輛，向我陣地屢行猛撲，均被我李（振西）團擊退。晚敵復以裝甲車廿餘輛掩護突進，一部衝入我堡壘火網內，放射煙幕彈，當即發生混戰，我官兵以大刀、手榴彈向敵肉搏時許，將其擊潰，敵遺屍不下二、三百具。此後敵即向我右翼迂迴，攻擊沿山陣地，先後攻陷萬古寺及大小寶全等地，我軍亦不時出擊，予敵重創。二十日至二十三日，敵我激戰於韓陽鎮、辛店間，旁及附近村莊，敵陸空互應，火器兇猛，我士氣振奮，血肉相搏，雖屢予敵重創，終因眾寡懸殊，傷亡過重，最後轉移於六官村高地。

五、風陵渡之再陷

侵入辛店之敵，廿四日辰以步砲千餘，向風陵渡進犯，初在趙村以北，被我劉（□□）師擊退。繼而敵機多架，向我沿河陣地，大施轟炸，其步砲猛攻六官村、底葛，歷戰三日，我守河陣地多被摧毀，東小候、長旺、田上村，以次被陷。廿八日，敵復突入趙村。扼守風陵渡、鳳凰山一帶之七十八師四六四團步兵兩營，先後被敵機砲轟炸，僅餘二百餘人，猶在陳營長督勵下，勉作最後決鬥，終以眾寡懸殊，全部壯烈犧牲，風陵渡遂再陷敵手，時孫軍大部轉移於東面之中條山內，與敵繼續鬥爭。

（三一）橫嶺關附近之戰

27 年 8 月

　　七月初，劉（茂恩）軍及孔（繁瀛）師，由曲侯轉移於絳縣以南山地，截擊絳縣、聞喜、垣曲間之敵。首在東冷口，擊退侯馬南犯之敵數千，繼又在皋落、橫嶺間，截擊垣曲北潰之敵，斬獲極眾。嗣敵中野支隊千餘，附砲十餘門，盤據於橫嶺關附近，與橫水、絳縣之敵，密切連繫，遙以策應曲侯、聞喜，倚以威脅垣曲。我方特命劉軍與孔師，負監視圍攻之責。七月下旬，敵屢向我軍陣地砲轟，我未為所動，反積極圍擊，當在煙藥村、門樓溝（橫嶺關西北）一帶，激戰數日，克復山頭數個，斃敵達五百以上。八月九日，橫木敵六、七百向橫嶺增援，經我六五師李團截擊於煙藥村與門樓溝間，爭持三日，敵調飛機二架助戰，步兵屢次猛撲，圖突破煙藥村南我李團陣地，終未獲逞。十二日劉軍唐支隊，克復絳縣城。十七日敵復由馬家山、十八堰向我四嶺山（馬家山東南）、半截塔（十八堰東）附近陣地急犯，另一支由橫水經冷口繞襲我後，同時當面之敵集中砲火，猛烈轟擊，我陣地多被摧毀，因稍向西北高地撤退。次日我軍增援反攻，當即恢復四嶺山、半截塔原陣地。八月廿三日劉軍包圍橫木鎮，激戰至廿四日，斃敵數百。此後繼續相持，終牽制敵力數千於此。

（三二）曲翼一帶之游擊

初敵向晉南增援反攻時，我各地游擊部隊，咸競起襲擊，以破壞敵後交通，殲滅零星股敵為目的，尤以曲、翼、聞、絳一帶為最活躍。七、八兩月中，敵之犧牲於此種游擊戰者，不知凡幾。而戰果之著者，皆莫若翼城衛村與曲沃喬村兩役，故特書之，以見一般。

一、衛村之襲敵

27 年 7 月 12 日

翼城東北之西石橋，於十二日停敵汽車數輛，被我陳（光斗）旅偵知，派一部前往襲擊。適有敵三百餘，附小砲、坦克車及汽車四十餘輛來援，被我軍截擊於衛村附近，斃敵百餘，焚燬汽車十五輛。

二、曲沃喬村之伏擊

27 年 8 月 13 日

曲沃、侯馬之間，敵時來往，我新絳縣長李凱朋特派公安局長率部前往伏擊。十三日與李（默菴）軍一連會伏於曲沃喬村道北，值敵三百餘押鐵輪車六十餘輛經過，我軍出其不意，由高粱地猛向射擊，敵不悉我兵多寡，愴惶應戰，當被擊斃百餘，遺械彈及其他軍用品甚多，殘敵四散奔潰。

民國史料 64

閻錫山故居所藏第二戰區史料
第二戰區抗戰要役紀（上）

Historical Documents of the Second Theater
in the Yan Hsi-shan's Residence
The Main Campaigns of the Second Theater in the
Second Sino-Japanese War - Section I

原　　編　許預甲
編　　輯　民國歷史文化學社編輯部
總 編 輯　陳新林、呂芳上
執行編輯　林弘毅
封面設計　溫心忻
排　　版　溫心忻
助理編輯　詹鈞誌、劉靜宜

出　　版　**開源書局出版有限公司**

香港金鐘夏慤道 18 號海富中心
1 座 26 樓 06 室
TEL：+852-35860995

民國歷史文化學社 有限公司

10646 台北市大安區羅斯福路三段
37 號 7 樓之 1
TEL：+886-2-2369-6912
FAX：+886-2-2369-6990

http://www.rchcs.com.tw

初版一刷　2022 年 5 月 31 日
定　　價　新台幣 350 元
　　　　　港　幣 95 元
　　　　　美　元 13 元
I S B N　978-626-7157-11-4
印　　刷　長達印刷有限公司
　　　　　台北市西園路二段 50 巷 4 弄 21 號
　　　　　TEL：+886-2-2304-0488

資料提供：臺北市政府文化局
　　　　　閻伯川紀念會

國家圖書館出版品預行編目 (CIP) 資料

閻錫山故居所藏第二戰區史料：第二戰區抗戰
要役紀 = Historical documents of the second
theater in the Yan Hsi-shan's residence : The
main campaigns of the second theater in the
Second Sino-Japanese War/ 許預甲原編；民國
歷史文化學社編輯部編輯 . -- 初版 . -- 臺北市：
民國歷史文化學社有限公司 , 2022.05

　冊；　公分 . -- (民國史料；64-65)

ISBN 978-626-7157-11-4　（上冊：平裝）. --
ISBN 978-626-7157-12-1　（下冊：平裝）

1.CST: 中日戰爭　2.CST: 史料

628.5　　　　　　　　　　　　　　111007306